MC-Tools 9

Erste Schritte zur
Mikrocontroller-Hardware und -Software

Otmar Feger und Jürgen Ortmann

MC-Tools 9

**Erste Schritte zur
Mikrocontroller-Hardware und -Software**

Für Entwicklung und Ausbildung

Feger + Co. Hardware + Software Verlags OHG, Traunstein

Die Deutsche Bibliothek - CIP Einheitsaufnahme

Feger, Otmar:
Erste Schritte zur Mikrocontroller-Hardware und -Software :
für Entwicklung und Ausbildung/Otmar Feger und Jürgen
Ortmann. - Traunstein : Feger-und-Co.-Hardware-und-
Software-Verl.OHG, 1992
 (MC tools ; 9)
 ISBN 3-928434-13-6
 NE: Ortmann Jürgen:; GT

Die Informationen im vorliegenden Buch wurden ohne Rücksicht auf einen eventuellen Patentschutz veröffentlicht. Warennamen werden ohne Gewährleistung der freien Verwendbarkeit benutzt. Fehler im Buch können nicht vollständig ausgeschlossen werden. Verlag und Autoren können für fehlerhafte Angaben und deren Folgen keine Haftung übernehmen. Für Verbesserungsvorschläge und Hinweise auf Fehler sind Verlag und Autoren dankbar.

Alle Rechte vorbehalten, auch die der fotomechanischen Wiedergabe und der Speicherung in elektronischen Medien.

8, 7, 6, 5, 4, 3, 2, 1
95, 94, 93, 92

ISBN 3-928434-13-6
© 1992 by Feger + Co. Hardware + Software Verlags OHG,
Herzog-Wilhelm-Str. 11, 8220 Traunstein, Germany.
Einbandgestaltung: M. Baldischweiler, Konstanz
Druck: Miller & Sohn, Traunstein

Printed in Germany

Inhaltsverzeichnis

Vorwort 7

1 Einführung 9

2 Hardware 15
    2.1 Logikbausteine 17
    2.2 Schaltungen mit Schaltungen Schaltungen mit Festwertspeicher 35
    2.3 Mikrocontroller, Aufbau und Arbeitsweise 38

3 Software 43
    3.1 Einleitung 45
    3.2 Logik der Programmierung 45
    3.3 Befehle des 8051 54
    3.4 Grundlagen der Programmierpraxis 80
    3.5 Assembler 83
    3.6 Programmbeispiele 85
    3.7 Befehlssatz der 8051-Familie 92

4 Ein 80535 Minimalsystem 101

5 Projektmanagement 107
    5.1 Vorbedingungen 109
    5.2 Projektplanung 111
    5.3 Projektplan 113
    5.4 Problemanalyse 114
    5.5 Projektphasen 117
    5.6 Probleme 117
    5.7 Hardware und Software 117
    5.8 Betrieb und Wartung 119
    5.9 Mikrocontroller-bedingte Besonderheiten 119
    5.10 Testen und Fehler suchen 120
    5.11 Fehlersuche und Fehlerbehebung in Programmen 123
    5.12 Allgemeine Aspekte 125

6 Wie geht es weiter? 133

Anhang 139

A Zahlensysteme 139

B Der Mikrocontroller 80515 143

C Glossar 165

Index 183

Literatur 188

Vorwort

1. Konstant in der Halbleitertechnik ist allein der schnelle Wandel. Bereiche entwickeln sich, verschmelzen mit anderen Bereichen und finden neue Anwendungen. Begriffe werden eingeführt und verschwinden wieder, Integrationsdichte, Chipgröße und Verarbeitungsgeschwindigkeit nehmen von Jahr zu Jahr zu. Im Gegensatz zu dieser Dynamik blieb die Struktur der Computer konstant. Sie hat sich im Prinzip nicht verändert. Ebenso nahezu unverändert blieben die Arbeitsweisen der Software-Produktion. Der der Halbleitertechnik zu verdankende Fortschritt führte zu immer leistungsfähigeren Hardware- und Software-Produkten. Computerstrukturen und Logik der Programmierung ändern sich jedoch auf absehbare Zeit nicht.

   Dieses Buch führt Sie zum grundlegenden Verständnis der Computerstruktur und der Logik der Assembler-Programmierung.

2. Die noch vor uns liegenden Möglichkeiten des Computers sind gar nicht hoch genug einzuschätzen. Er ist ein Werkzeug, dessen prinzipielle Möglichkeiten nur durch die menschlichen Phantasien und Fähigkeiten begrenzt sind. Mit anderen Worten, was als Aufgabe logisch definierbar ist, läßt sich auch auf dem Computer realisieren. Wenn es diesem Buch gelingt, Ihnen das in seiner ganzen Tragweite klarzumachen und Ihnen den Weg dazu zu zeigen, hat es seinen Zweck erfüllt.

3. Es gibt viele Wege zum Verständnis des Computers. Wenn Sie jedoch damit auf der Hardware- und Software-Ebene arbeiten wollen, sind Kenntnisse der Digitaltechnik eine unbedingte Voraussetzung. Deshalb entwickeln wir in diesem Buch aus den logischen Grundfunktionen digitaler Bausteine das Arbeitsprinzip des Computers, um Ihnen über dieses Verständnis den Einstieg in die Programmierung zu ermöglichen. Die physikalische Realisierung von Logikschaltungen und der dabei auftretenden Probleme ist nicht Gegenstand dieses Buchs.

   Das Buch vermittelt dem Einsteiger das grundlegende Verständnis der Digital- und Mikrocontroller-Technik sowie der Programmierung. Es ist weder ein Lehrbuch noch behandelt es die verschiedenen Sachgebiete erschöpfend. Es bewegt sich überwiegend auf der logischen bzw. funktionellen Ebene. Es liefert jedoch das Basiswissen und erklärt die dazugehörenden Begriffe. Sie überwinden dadurch die ersten Hemmschwellen zum Einstieg in diese Welt.

Im Anhang finden Sie ausführlichere Informationen zu weiterführenden Themen, Hinweise zur Literatur sowie die Erklärung der wichtigsten Fachbegriffe.

Kapitel 1
Einführung

1 Einführung

Unser Weg zum Verständnis der Computertechnik führt von der Digital-Technik zum prinzipiellen Aufbau eines Computers und über seine Funktion zur Programmierung. Ein Kapitel zur Projekttechnik, um den Bezug zur Praxis herzustellen, schließt das Buch ab. Zuerst beantworten wir die Frage, ob und warum die Kenntnis der Computerarchitektur wichtig für den Programmierer ist.

Muß ein Programmierer wissen, wie ein Computer arbeitet?

Die Kenntnis der Computerstruktur kann für den Programmierer wichtig oder unwesentlich sein. Es hängt von den Umständen ab. Bei der Verwendung eines Taschenrechners ist es überflüssig zu wissen, was sich im Gerät abspielt.

Als es die ersten Rechner gab, bestand ein Befehlscode aus einer Zahl, beispielsweise 25, für eine Addition und eine Adresse ebenfalls aus einer Zahl, beispielsweise 3876. Es gab vielleicht 100 verschiedene Befehlstypen und der Programmierer lernte sie beim Gebrauch auswendig. Dabei war die genaue Kenntnis der Funktion eines jeden Befehls in der Rechnerarchitektur mit allen seinen Auswirkungen unbedingt notwendig.

Sehr bald kam man darauf, daß es bequemer ist, statt 25 ADD für Addition, MUL für Multiplikation und DIV für Division zu schreiben. So bekam jeder Befehl einen sinnverwandten (mnemonischen) Ausdruck. Bevor der Computer das Programm zur Ausführung bekam, durfte er diese Begriffe in den entsprechenden Interncode übersetzen. Gleichzeitig führte man statt der absoluten Adressen der Anfangszeit symbolische Adressen ein. Sollte das Programm beispielsweise an der Adresse 3521 fortfahren, so schrieb man jetzt JMP (für Springe) WEITER. Dort, wo sich das Programm dann fortsetzte, stand die Marke WEITER. So konnte der Computer im gleichen Arbeitsgang außer dem Ersetzen der Befehlsnamen die symbolischen Adressen durch absolute Adressen ersetzen. Das Programm, das dieses leistet, ist der Assembler. Programmiert man auf der Assembler-Ebene (Maschinenebene), so ist die genaue Kenntnis der Rechnerarchitektur erforderlich, wenn man die Leistung des Systems ausnützen will.

Sehr bald entwickelten sich die höheren Programmiersprachen. Dafür gab es zwei Gründe:

❐ Entsprechend den unterschiedlichen Aufgabenstellungen wollte man dafür geeignete Kommandos. So entstanden FORTRAN für mathematisch-wissenschaftliche Aufgaben, COBOL für kaufmännische Probleme und viele andere. Außerdem wollte man die Speicherverwaltung (Transport vom und zum Speicher) dem Computer überlassen.

❐ Da die höhere Programmiersprache nicht mehr maschinenorientiert war, bestand gleichzeitig die Forderung, daß ein einmal geschriebenes Programm auf allen möglichen, auch künftigen Rechnertypen ablauffähig sein soll.

Das Programm, das ein in einer problemorientierten Sprache geschriebenes Programm vom Quellencode in die Maschinensprache übersetzt, ist ein Compiler. Ein Compiler ist viel komplexer als ein Assembler. Es bedeutet auch heute noch einen großen Aufwand, für einen neuen Rechnertyp einen leistungsfähigen Compiler zu generieren. Fest steht, daß bei der Anwendung dieser Sprachen die Kenntnis des Rechnersystems für den Programmierer weitgehend unwesentlich ist.

Bei den Mikrocontrollern sehen die Verhältnisse wieder anders aus. Hier geht es nicht nur um dem Rechnerkern, sondern es sind zusätzlich vielfältige Peripheriekomponenten mit auf einem Chip integriert. Um diese durch das Programm zu steuern, müssen Aufbau und Funktion dieser Teile bekannt sein. Diese sind wiederum teilweise sehr eng mit dem Gebrauch bestimmter Assembler-Befehle verknüpft, so daß das Verständnis der gesamten Architektur die beste Voraussetzung für einen ökonomischen Einsatz bietet.

Was ist ein Computer?

Ein Computer ist eine elektrische Maschine, um Informationen zu verarbeiten.

Eine so kurze Antwort oder eine Definition in wenigen Sätzen vermittelt keine oder nur eine vage Vorstellung. Dieses Buch will Ihnen die Frage schrittweise im Kapitel zwei über Bausteine und Funktionen der Digitaltechnik beantworten. Das dritte Kapitel führt Sie in die Logik der Programmierung ein. Dann verfügen Sie über eine Verständnisbasis, auf die Sie weiter aufbauen können.

Computereigenschaften: Qualität und Quantität

Im Vorwort wurde behauptet, ein Computer könne prinzipiell alles, was logisch formulierbar ist.

Das ist qualitativ und nicht quantitativ gemeint. Computerleistung ist durch die Art der physikalischen Realisierung begrenzt. Erfordert eine Aufgabe beispielsweise zehn Millionen logische Entscheidungen je Sekunde und der Computer leistet nur die Hälfte, so kann er die Aufgabe nicht in der erforderlichen Zeit erfüllen. Es handelt sich hier also um eine zeitliche Einschränkung. Läßt man ihm mehr Zeit, dann schafft er es auch.

Die Industrie stellt Computer für verschiedene Zwecke her. Es gibt große, mittlere und kleine Computer. Die großen und mittleren sind normalerweise frei programmierbar, d. h. universell einzusetzen. Bei den Kleincomputern gibt es überwiegend auf spezielle Aufgabenbereiche oder eine Aufgabe spezialisierte Ausführungen.

- ❐ Große Computer, wie sie bei Versicherungen, Universitäten und großen Firmen stehen, zeichnen sich im wesentlichen durch hohe Verarbeitungsgeschwindigkeit und hohen Preis aus. Sie kosten mehrere Millionen DM.

- ❐ Die Spanne der mittleren Computer reicht von der sogenannten Workstation, die etwa zwischen 10 000 und 100 000 DM kostet bis zum Personalcomputer (PC), der schon für einige 100 DM zu haben ist.

- ❐ Kleine und kleinste Computer, auch Mikrocomputer oder Mikrocontroller genannt, bestehen im Idealfall aus einem Baustein und werden aufgabenspezifisch eingesetzt.

Ihre Bandbreite reicht von Mikrocontrollern, die die Leistung eines PC erreichen, solche die in Autos, Videorecordern, Fernsehgeräten und Kameras eingesetzt sind, bis zu den Winzlingen, die milliardenfach in Armbanduhren und Taschenrechnern arbeiten. Eine bekannte Spiegelreflexkamera wird durch drei, eine mittlere Kopiermaschine durch bis zu 15 Mikrocontroller gesteuert.

In diesem Buch beziehen wir uns auf Mikrocomputer, weil sie überschaubarer als ihre größeren Verwandten sind. Wegen dem überwiegenden Einsatz der Mikrocomputer für Steuerungsaufgaben, führte die Firma Intel, einer der Pioniere auf diesem Gebiet der Mikrocontroller-Entwicklung, den Begriff Mikrocontroller ein. Dieser Begriff hat sich inzwischen für Rechnerstrukturen auf einem Chip durchgesetzt. Mikrocontroller lösen mehr und mehr die Mikroprozessoren ab. Dabei ist ein Mikrocontroller als ein Bausteinsystem arbeitsfähig während ein Mikroprozessor für ein Minimalsystem immer zusätzliche integrierte Schaltungen benötigt. Inzwischen gibt es Personalcomputer auf einem Chip. Diese wird man nicht mehr als Mikrocontroller bezeichnen, obwohl es nur graduelle Unterschiede gibt.

Eine dynamische Geschichte

Abschnitte über geschichtliche Entwicklungen sind meistens etwas langweilig. Sie sollten diesen trotzdem lesen, weil wir hier keine historische Abhandlung, sondern Beispiele für die dramatische Dynamik der Computerentwicklung bringen.

Den ersten Mikrocontroller gab es 1971, heute sind Milliarden im Einsatz. Ein Großcomputer, der 1975 einige Millionen DM kostete, wird durch die Leistung eines Personalcomputers, der heute für 1000 DM zu erhalten ist, weit übertroffen. Ganz allgemein gesagt, verdoppelt sich die Leistung der Computer alle zwei Jahre während sich der Preis für diese Leistung ca. alle drei Jahre halbiert. Das gilt nicht für jeden Typ und jede Kategorie in gleicher Weise, zeigt jedoch den Trend. Ein Ende dieser Entwicklung ist nicht abzusehen.

Digital und binär - Basis der Computer

Digital (lateinisch Finger, deuten, Zeiger) versteht sich im Gegensatz zu analog. Digital bedeutet in diskreten Werten, einem Zahlensystem zugehörig. Es gibt nur Zwischenwerte, die sich auch als Zahl darstellen lassen. Eine analoge physikalische Größe dagegen ändert sich kontinuierlich. Ein Beispiel für eine Analoge/Digitale Darstellung ist ein Glasthermometer. Die Quecksilberröhre zeigt die Temperatur analog an. Über der neben der Glasröhre angebrachten Skala läßt sich der Analogwert einem Digitalwert zuordnen. Beim Digitalthermometer wird der analog gemessene Wert elektrisch in einen Digitalwert gewandelt und dann als Zahlenwert angezeigt.

Während unser Zahlensystem auf dem Zehnersystem (Dezimalsystem) basiert, ist für die technische Realisierung das Zweiersystem (Binärsystem) ökonomischer. Mechanisch wie auch elektrisch lassen sich zwei Zustände leichter und billiger realisieren als zehn. Mit dem Binärsystem läßt sich genauso rechnen (mit den gleichen Regeln) wie mit dem Dezimalsystem. Bei der Mikrocontroller-Programmierung ist die Kenntnis des Binärsystems hilfreich. Wenn Sie sich damit weiter vertraut machen wollen, finden Sie im Anhang A eine Einführung. Nicht nur die Arithmetik, sondern auch alle logischen Entscheidungen lassen sich auf das Binärsystem zurückführen. Arithmetische Operationen sind normalerweise nur ein sehr kleiner Teil der Computerarbeit. Wir gehen später darauf ein.

Kapitel 2
Hardware

2 Hardware

Wir beschränken uns auf digitale Halbleiterbausteine, weil diese sich als Basis für das Verständnis der Computertechnik gut eignen. Dabei erklären wir die logischen Funktionen je eines Vertreters der wichtigsten Typen aus dem großen verfügbaren Spektrum. Wollen Sie mit diesen Bauelementen Schaltungen realisieren, so ist ein Studium der mit der technischen Realisierung verbundenen Problematik sowie die Kenntnis der angebotenen Bausteinfamilien unumgänglich. Im Literaturverzeichnis finden Sie die entsprechenden Hinweise. Zum Verständnis der logischen Funktionen ist das jedoch nicht erforderlich.

Das Kapitel gliedert sich in drei Teile:

❐ Logikbausteine
❐ Schaltungen mit Festwertspeicher
❐ Mikrocontroller, Aufbau und Arbeitsweise

Wir beschreiben hier von jeder Baustein-Kategorie die wesentlichen Typen in ihren funktionellen Eigenschaften. Anschließend einige Detailschaltungen mit Festwertspeichern und abschließend die damit realisierte Funktion eines Mikrocontrollers. Wenn Sie diese Abschnitte nachvollziehen, wissen Sie nach diesem Kapitel, wie Mikrocontroller funktionieren.

2.1 Logikbausteine

Nachdem es gelang, mehrere Transistoren auf einem Halbleiterchip zu integrieren und zu verbinden, entwickelte die Industrie binäre Logik-Bausteine. Die Transistoren arbeiten dabei als Schalter, d. h. das Ausgangssignal ist ein- oder ausgeschaltet; es ist Spannung oder keine Spannung am Ausgang. Die TTL-Bausteinfamilie (Transistor-Transistor-Logic) ist am weitesten verbreitet und dient hier als Beispiel.

Die ersten integrierten Bausteine enthielten einfache Grundfunktionen. Es wurden dann immer komplexere, leistungsfähigere und vielseitigere Varianten entwickelt. Mit diesen Bausteinen realisierte man schließlich auch Computer-Schaltungen. Vorher gab es mit Relais, dann mit Röhren und schließlich mit diskreten Transistoren aufgebaute Computer.

Die logischen Eingangs- und Ausgangs-Funktionen bezeichnen wir mit H und L. Bei den TTL-Bausteinen entspricht H dem HIGH-Spannungs-Pegel und L dem LOW-Spannungs-Pegel. Die gelegentlich zu findende Schreibweise mit 1 für HIGH und 0 für LOW kann zu Verwechslungen führen, da man beim binären Rechnen ebenfalls die die Ziffern 0 und 1 verwendet.

Wahrheitstabellen beschreiben die Logik-Funktion der Logikbausteine. Sie zeigen für jeden möglichen Eingangswert den entsprechenden Ausgangswert.

Graphische Symbole erleichtern, Schaltpläne zu zeichnen. Zur Darstellung logischer Funktionen gibt es eine DIN-Norm. Diese hat sich, aus Gründen, die wir hier nicht zu diskutieren brauchen, weder national noch international durchgesetzt. Wer international verstanden werden will, tut gut daran, die überall verstehbaren Darstellungsweisen zu verwenden. Die physikalischen Eigenschaften der Logikbausteine, wie Spannungspegel, Verlustleistung, Pin-Belegung, Schaltgeschwindigkeit, Verzögerungszeiten usw., sind nicht Gegenstand dieses Buchs. Im Glossar (Anhang C). finden Sie die wichtigsten Begriffe über Techniken, wie CMOS, NMOS, bipolar usw., sowie ein Datenblattbeispiel eines TTL-Bausteins abgedruckt. Die auf der Bipolartechnik basierende TTL-Bausteinfamilie begann mit der 74XX-Serie. XX steht dabei für eine Bausteintypennummer. Zu diesen bipolaren Bausteinen entstanden entsprechende CMOS-Varianten. Inzwischen gibt es zahlreiche Weiterentwicklungen.

Einerseits gab und gibt es auf die logischen Grundfunktionen aufbauende komplexere Typen, andererseits verbesserten sich die technischen Randbedingungen wie Temperaturbereich, Stromaufnahme, Geschwindigkeit, Verlustleistung usw.

Es folgt eine Übersicht über die wichtigsten Varianten der 74XXX-Familien.

74XX
Die ersten Bausteine der TTL-Familie. Diese werden heute für Neuentwicklungen kaum mehr eingesetzt

74LSXX
L = Low Power, S = Schottky; zweite Generation

74SXX
S = Speed, ca. 3mal schneller als LS

74CXX
CMOS-Versionen der 74XX

74HCXX
Schnellere CMOS-Versionen

74HCTXX
CMOS-Versionen, deren Eingangsspannungsbereiche von den Ausgangsspannungspegel der bipolaren Versionen angesteuert werden können.

Die 74XX-Typen gibt es noch mit dem zusätzlichen Buchstaben A, der verbesserte technische Eigenschaften signalisiert: A = Advanced (= fortgeschritten). Für die Betrachtung der Logik-Funktionen sind diese technischen Unterschiede unwichtig. Außer den in diesem Abschnitt beschriebenen grundlegenden Typen gibt es eine große Zahl darauf aufbauender komplexerer Varianten, die für eine bestimmte Applikation aufgrund einer zusätzlichen Funktion oder einer günstigeren Pinbelegung besser geeignet sein können. Um sich über das Spektrum und seine technischen Eigenschaften zu informieren, empfehlen wir Ihnen, sich ein TTL-Datenbuch anzuschaffen und sich die Typen einzuprägen. Folgende Logik-Bausteintypen werden hier beschrieben:

- Logikgrundbausteine
- Flip-Flop
- Shiftregister
- Multiplexer und Demultiplexer
- Zähler
- Vergleicher
- Oszillatoren
- Speicher, RAM und ROM
- Addierer, Arithmetikeinheit

Von jedem Typ besprechen wir einen repräsentativen Vertreter.

Logik-Basisbausteine

Der Begriff "Logik" kennzeichnet die Ausgangsfunktion (H oder L), die sich entsprechend der Eingangsbelegung ergibt. Die Logik-Grundbausteine verfügen über die Funktionen UND, ODER und NICHT. Alle anderen Funktionen lassen sich auf diese zurückführen. Wir verwenden die allgemein üblichen englischen Ausdrücke AND, OR und NOT. Die daraus abgeleiteten Varianten NAND, NOR und EXCLUSIVE OR (XOR) werden häufiger eingesetzt als die Grundfunktionen. Deshalb werden diese hier auch vorgestellt.

AND

Ein AND-Baustein hat mindestens zwei Eingänge und einen Ausgang. Der Ausgang des AND ist nur H, wenn alle Eingänge H sind, oder anders ausgedrückt: Wenn alle Eingangsbedingungen erfüllt sind und nur dann, ist auch die Ausgangsbedingung erfüllt. Diese Grundfunktion wird im englischen auch Gate (Tor) genannt. Das verweist auf eine naheliegende Anwendung: Wenn einer der zwei Eingänge auf H liegt, gelangt jedes Signal am zweiten Eingang, ob H oder L, an den Ausgang, sonst nicht. Ein typischer Baustein ist der 7408. In diesem DIL-14-Baustein befinden sich vier AND-Schaltungen. DIL (Dual In Line) bezeichnet ein Gehäuse mit zwei Anschlußreihen.

Wahrheitstabelle des AND 7408

A	B	Y
L	L	L
L	H	L
H	L	L
H	H	H

Schaltungssymbol AND 7408

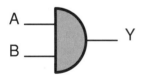

Aus drei AND-Bausteinen mit je zwei Eingängen läßt sich eine AND-Schaltung mit vier Eingängen realisieren. Es gibt jedoch auch TTL-AND-Bausteine mit mehr als zwei Eingängen. Hier ist Y nur dann H, wenn A bis D H sind. Das Symbol sieht so aus:

Schaltungssymbol AND 7421

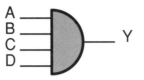

NAND

NAND ist eine AND-Schaltung mit integriertem Ausgangs-Inverter (NOT + AND). Ein typischer Baustein ist der 7400. In diesem DIL-14-Baustein befinden sich vier NAND-Schaltungen. Das Ausgangssignal geht nach L, wenn beide Eingangssignale H sind. Der negierte Ausgang wird beim Symbol durch einen Punkt gekennzeichnet. Beim Signalnamen kennzeichnet ein vorangestellter Schrägstrich "/" den negierten Zustand. Üblich ist auch die Darstellung durch einen Querstrich über dem Signalnamen oder ein # nach dem Signalnamen.

Wahrheitstabelle des NAND 7400

A	B	/Y
L	L	H
L	H	H
H	L	H
H	H	L

Schaltungssymbol NAND 7400

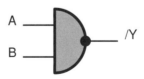

OR

Der Ausgang ist nur H, wenn mindestens ein Eingang H ist. Ein typischer Baustein ist der 7432. In diesem DIL-14-Baustein befinden sich vier OR-Schaltungen (4 Gatter in einem 7432).

Wahrheitstabelle des OR 7432

A	B	Y
L	L	L
L	H	H
H	L	H
H	H	H

Schaltungssymbol OR 7432

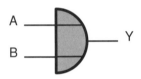

Aus drei OR-Bausteinen mit je zwei Eingängen kann man z. B. eine Schaltung mit vier Eingängen realisieren. Es gibt aber auch OR-Bausteine mit mehr als zwei Eingängen.

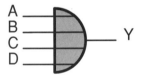

NOR

NOR für NOT + OR. Der Ausgangspegel ist L, wenn mindestens ein Eingangspegel H ist. Ein typischer Baustein ist der 7402. In diesem DIL-14-Baustein befinden sich vier OR-Schaltungen.

Wahrheitstabelle des NOR 7402

A	B	/Y
L	L	H
L	H	L
H	L	L
H	H	L

Schaltungssymbol NOR 7402

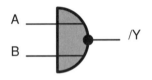

NOT

Inverter, negiert bzw. komplementiert das Eingangssignal. Der Ausgang ist H, wenn der Eingang L ist, und L, wenn der Eingang H ist.

Das Ausgangssignal wird auch als invertiertes oder komplementiertes Eingangssignal bezeichnet (zu den Begriffen gibt das Glossar Auskunft). Häufig sieht man den Strich über dem Signalnamen als Zeichen für die Invertierung, wir stellen dem Signalnamen in diesem Falle einen "/" voraus. /A bedeutet A negiert. Ein Beispiel dafür ist der 7404, der sechs Inverter enthält.

Wahrheitstabelle des Inverters 7404

A	/A
L	H
H	L

Schaltungssymbol NOT (7404)

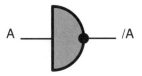

XOR

Der Ausgang ist nur H, wenn beide Eingänge ungleich sind. Sind A und B HIGH oder LOW, so ist Y LOW oder anders gesagt, wenn ausschließlich (exclusive) ein Eingang HIGH ist. Ein Beispiel ist der 7486 mit vier XOR-Schaltungen.

Wahrheitstabelle des EXKLUSIVE OR 7486

A	B	Y
L	L	L
L	H	H
H	L	H
H	H	L

Schaltungssymbol XOR 7486

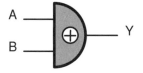

RS-Flip-Flop

Das Flip-Flop (FF) ist eine Schaltung aus zwei NOR-Schaltungen. Jeder Ausgang wird auf einen Eingang des anderen NOR-Gate zurückgekoppelt. Diese Schaltung besitzt eine neue Eigenschaft. Sie kann zwei stabile Zustände annehmen. Deshalb ist das FF die Grundschaltung des statischen Informationsspeichers.

Die Grundschaltung des RS-FF (R für Reset und S für Set) zeigt die folgende Schaltung. Bei der Wahrheitstabelle kommt der Faktor Zeit hinzu, d. h., daß das Ausgangssignal eines geänderten Schaltungszustands vom vorangegangenen Schaltungszustand abhängt.

Bei der Erklärung des RS-FF gehen wir davon aus, daß die Eingänge R und S auf HIGH liegen. Dann liegt an Q HIGH und an /Q LOW oder umgekehrt. Bei dieser Schaltung hängt das vom Zufall bzw. von der internen Stromverteilung im Einschaltmoment ab. Nehmen wir nun an, der Pegel an Q ist LOW, dann ist /Q zwangsläufig HIGH.

Legt man jetzt kurzzeitig LOW an /R, so geht Q zwangsläufig nach LOW und /Q nach HIGH. Der Zustand bleibt erhalten, bis man wieder einen negativen Puls an /S legt und das FF zurückkippt. LOW an beiden Eingängen führt zu LOW an beiden Ausgängen. Das ist ein verbotener Zustand, da der sich einstellende Zustand, wenn die Eingangspegel gleichzeitig wieder nach HIGH gehen, undefiniert ist.

Das RS-FF kann auch mit NOR-Bausteinen statt mit NAND-Bausteinen realisiert werden. Funktionen und Pegel sind dann invertiert. Da in der Schaltungstechnik oft mit negativer Logik gearbeitet (Aktiver Pegel ist LOW) wird und die Eingangssignale der integrierten Schaltungen oft ebenfalls LOW aktiv sind, sollten Sie sich beide Schaltungsformen einprägen. Als "nagative Logik" betrachtet, d. h. mit invertierter Funktion, ist ein NOR ein negiertes AND bzw. ein NAND ein negiertes OR.

22 Kapitel 2

Wahrheitstabelle des RS-Flip-Flop

R	S	Q	/Q
L	L	Q-1	/Q-1
L	H	H	L
H	L	L	H
H	H	*	*

* = undefiniert

Schaltung des RS-Flip-Flop

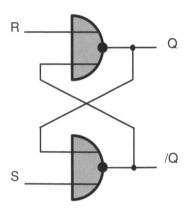

Schaltsymbol des RS-Flip-Flop

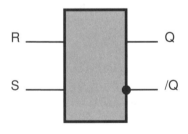

Taktzustandgesteuertes RS-FF

Soll das FF nur zu einer bestimmten Zeit auf Eingangssignale reagieren, so sind zwei NAND-Gatter vor das FF zu schalten. Nur wenn der Takt (C = Clock) auf HIGH-Pegel liegt, kann R oder S wirksam werden.

Wahrheitstabelle des taktgesteuerten RS-Flip-Flop

C	R	S	Q	/Q
L	x	x	Q-H	/Q-H
H	L	L	Q-1	/Q-1
H	L	H	H	L
H	H	L	L	H
H	H	H	*	*

* = undefiniert, x = ohne Auswirkung

Schaltung des taktzustandgesteuerten RS-Flip-Flop

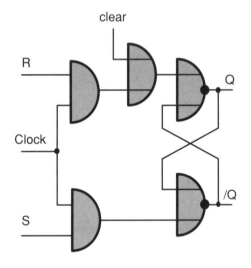

Schaltsymbol des RS-Flip-Flop 7473

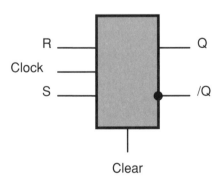

D-Flip-Flop

Eine weitere FF-Variante, die in der Praxis eine große Rolle spielt, ist das D-FF (D für Data). Der anliegende Takt (C = Clock) übernimmt das am Eingang liegende Signal in das Flip-Flop. Wahrheitstabelle und Symbol zeigen die folgenden Bilder.

Das taktgesteuerte D-FF übernimmt mit dem Takt den am D-Eingang liegenden Pegel und speichert ihn. Der Baustein 7474, der zwei D-FF enthält, verfügt zudem noch über je einen Clear- und Preset-Eingang. Damit läßt sich der Baustein beim Einschalten des Systems in einen definierten Zustand setzen.

Wahrheitstabelle des D-Flip-Flop

C	D	Q	/Q
L	x	Q-H	/Q-H
↑H	L	L	H
↑H	H	H	L

↑ = steigende Flanke

Schaltsymbol des D-Registers 7474

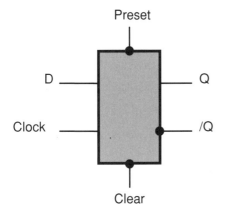

Ein weiteres Beispiel ist der Baustein 74HC574. Er enthält acht D-FF mit einem gemeinsamen Takteingang. Ein Taktimpuls lädt die an den acht Eingängen stehenden Signalpegel gleichzeitig in die acht D-FF. Außerdem sind die Ausgänge über den Eingang OC (Output Control) in einen hochohmigen Zustand (Tristate) zu schalten. Durch diese Eigenschaft lassen sich die Ausgänge mehrerer Bausteine parallel schalten. Es ist dafür zu sorgen, daß nur immer ein Ausgang freigegeben ist.

Schaltsymbol des D-Flip-Flop-Registers 74574

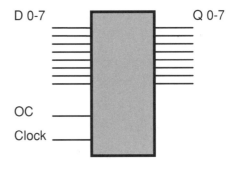

Dieser Bausteintyp wird besonders für die Zwischenspeicherung der Signale eines 8-bit-Busses eingesetzt. Es gibt ihn mit pegel- und flankengetriggerten Clock-Eingängen.

Flankengesteuerte Flip-Flops

Bei flankengesteuerten FF sind die Eingangspegel des FF nur während der aufsteigenden oder abfallenden Flanke (je nach Bausteintyp) aktiv. Im Gegensatz zu pegelgetriggerten FF. Flankengetriggerte FF sind gegen externe Störeinflüsse weniger empfindlich als pegelgetriggerte. Deshalb gibt es eine große Zahl integrierter Schaltungen mit positiver oder negativer Flankentriggerung. Zudem ermöglichen flankengetriggerte FF weitere Schaltungsvarianten wie Zähler und Shiftregister.

Shiftregister

Mit flankengetriggerten D-Flip-Flops lassen sich einfach Schieberegister realisieren. Mit jeder positiven (oder negativen) Taktflanke -je nach Bausteintyp - wird der am Eingang des Registers anliegende Impuls in das erste Flip-Flop übernommen und der vorher darin enthaltene Pegel an das nächste Flip-Flop weitergegeben. Beim Shiftregister (Schiebe-Register) wandert eine Information mit jedem Takt um eine Stelle in der FF-Kette weiter.

Zwei Stufen eines Shiftregisters mit D-Flip-Flops

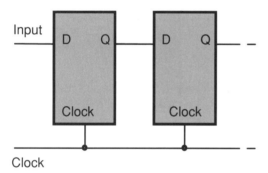

Es gibt nun zahlreiche integrierte Varianten. Dazu zwei Beispiele: Beim 74HC673 wird das zu jedem Taktzeitpunkt am Eingang anliegende Signal in die FF-Kette hineingeschoben. Die in der FF-Kette stehende Information wandert gleichzeitig um eine Bitstelle weiter. Der CS-Eingang (Chip Select) gibt die Funktion des Bausteins frei. An den 16 Ausgängen ist der Inhalt des Shiftregisters parallel jederzeit abzufragen. Der 74HC644 lädt ein 16 bit breites Wort parallel in ein Shiftregister und liest es taktweise seriell aus.

Mit diesen Bausteinen lassen sich parallel vorliegende Daten in serielle umwandeln, auf eine Leitung übertragen und in die ursprüngliche Form zurückverwandeln. Es gibt auch Shiftregister mit umschaltbarer Shiftrichtung sowie parallel ladbaren Eingängen und gleichzeitig parallel abfragbaren Ausgängen.

Shiftregister mit 16 Ausgängen (74HC643)

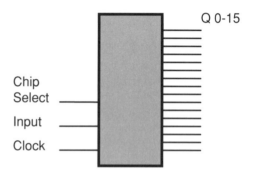

Shiftregister mit 16 Eingängen (74HC644)

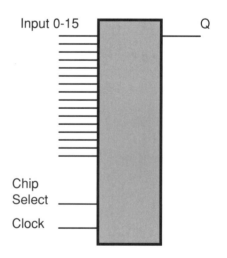

Da ein Linksshift eine binäre Multiplikation mal zwei, ein Rechtsshift eine binäre Division durch zwei bedeuten, findet man Shift-Register auch in den meisten Arithmetikschaltungen. Shiftbefehle finden sich in jedem Computer-Befehlssatz.

Multiplexer und Demultiplexer

Multiplexer schalten eines von mehreren Eingangssignalen auf einen Ausgang. Demultiplexer schalten einen Eingang auf einen von mehreren Ausgängen.

Prinzip des Multiplexers

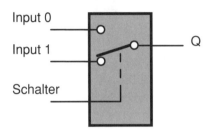

Wahrheitstabelle des Multiplexers

I0	I1	S	Q
L	x	L	L
H	x	L	H
x	L	H	L
x	H	H	H

x = ohne Auswirkung

Prinzip des Demultiplexers

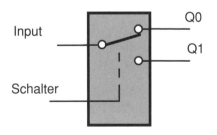

Wahrheitstabelle des Demultiplexers

I	S	Q0	Q1
L	L	L	H
H	L	H	H
L	H	H	L
H	H	H	H

Wir stellen hier als Beispiele den Multiplexer 74150 und den Demultiplexer 74154 vor. Um eines von 16 Signalen an einen Ausgang oder ein Eingangssignal an einen von 16 Ausgängen durchzuschalten, benötigt man zur Auswahl ein 4-bit-Wort. Dieses Selektionssignal liegt an den Eingängen A bis D.

Schaltsymbol des Multiplexers 74150

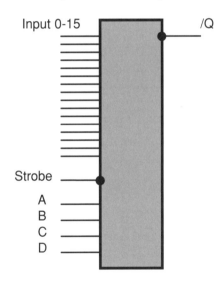

Wahrheitstabelle des Multiplexers 74150

Eingänge					Output
Select				Strobe	
D	C	B	A	G	/Q
x	x	x	x	H	H
L	L	L	L	L	/Input 0
L	L	L	H	L	/Input 1
L	L	H	L	L	/Input 2
L	L	H	H	L	/Input 3
L	H	L	L	L	/Input 4
L	H	L	H	L	/Input 5
L	H	H	L	L	/Input 6
L	H	H	H	L	/Input 7
H	L	L	L	L	/Input 8
H	L	L	H	L	/Input 9
H	L	H	L	L	/Input 10
H	L	H	H	L	/Input 11
H	H	L	L	L	/Input 12
H	H	L	H	L	/Input 13
H	H	H	L	L	/Input 14
H	H	H	H	L	/Input 15

X = ohne Auswirkung

Wahrheitstabelle des Demultiplexers 74154

Eingänge						Outputs
Select				Strobe		/Q
D	C	B	A	G1	G2	LOW*
L	L	L	L	L	L	0
L	L	L	H	L	L	1
L	L	H	L	L	L	2
L	L	H	H	L	L	3
L	H	L	L	L	L	4
L	H	L	H	L	L	5
L	H	H	L	L	L	6
L	H	H	H	L	L	7
H	L	L	L	L	L	8
H	L	L	H	L	L	9
H	L	H	L	L	L	10
H	L	H	H	L	L	11
H	H	L	L	L	L	12
H	H	L	H	L	L	13
H	H	H	L	L	L	14
H	H	H	H	L	L	15
x	x	x	x	L	H	H
x	x	x	x	H	L	H
x	x	x	x	H	H	H

* = alle anderen Ausgänge sind HIGH
x = ohne Auswirkung

Schaltsymbol des Demultiplexers 74154

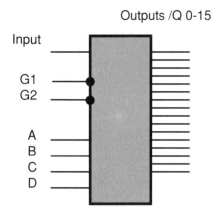

Bei den Demultiplexern arbeitet die Funktion entsprechend umgekehrt. Der in der Wahrheitstabelle verwendete Begriff Strobe entspricht der Funktion Chip Select. Dieser Begriff mußte eingeführt werden, weil die Eingänge A bis D ebenfalls Selekteingänge sind, diesmal für die Signalauswahl.

Außer dem hier dargestellten Multiplexer und Demultiplexer gibt es viele weitere Varianten. Beispielsweise mit vier mal zwei Eingängen zu vier Ausgängen oder zwei mal vier Eingängen zu zwei Ausgängen usw. Dabei kann ein Baustein zwei solche Einheiten enthalten.

Zähler

Durch die binäre Teilerfunktion eignen sich Flip-Flops zum Zählen. Zwei durch zwei teilende Vorwärtszähler zeigen die folgenden Schaltbilder.

D-Flip-Flop als durch zwei teilender Vorwärtszähler

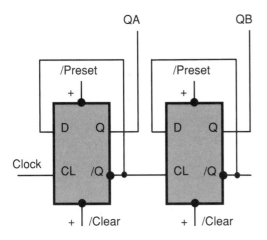

JK-Flip-Flop als durch zwei teilender Vorwärtszähler

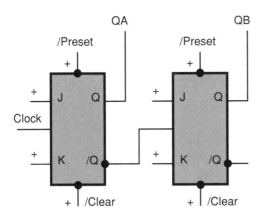

Signale an den Zählerbausteinen

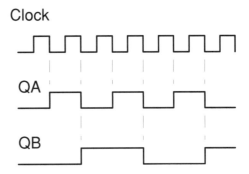

Dabei wurde der eine Zähler durch ein D-Flip-Flop und der andere durch ein JK-Flip-Flop realisiert. Durch die Aneinanderreihung der Flip-Flops sind Zähler bzw. Teiler beliebiger Länge realisierbar. Zählerbausteine enthalten meistens vier oder acht Flip-Flops, wodurch sie bis 16 bzw. bis 256 zählen können. Bei einer geeigneten internen Rückkopplung in mehrstufigen Zählern lassen sich beliebige Teilerverhältnisse realisieren. Der 74193 im folgenden Bild ist ein synchroner 4-bit-Zähler. Er hat außerdem vier parallele Eingänge, kann also mit einem Wert vorgeladen werden, und vier Ausgänge zur parallelen Abfrage des Zählerstands.

Schaltsymbol des synchronen Vorwärts- und Rückwärts-Zählers 74193

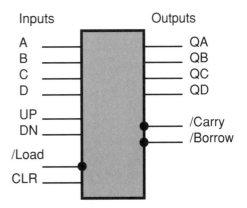

Wahrheitstabelle des Binärzählers 74193

Takt UP	Ausgänge			
	QD	QC	QB	QA
0	L	L	L	L
1	L	L	L	H
2	L	L	H	L
3	L	L	H	H
4	L	H	L	L
5	L	H	L	H
6	L	H	H	L
7	L	H	H	H
8	H	L	L	L
9	H	L	L	H
10	H	L	H	L
11	H	L	H	H
12	H	H	L	L
13	H	H	L	H
14	H	H	H	L
15	H	H	H	H

Dieser Zähler kann vorwärts und rückwärts zählen und hat Eingänge und Ausgänge für den Übertrag bzw. Untertrag und ist damit kaskadierbar. Bei einem nicht synchron arbeitenden Zähler bewirken die Verzögerungszeiten der einzelnen FF, daß das letzte FF in der Kette seinen Pegel später wechselt als das erste FF.

In Schaltungen mit paralleler Datenverarbeitung können diese zeitlichen Unterschiede zu fehlerhaften Zuständen führen. Deshalb sorgt bei den synchronen Zählern eine interne Schaltung dafür, daß alle FF einer Kette gleichzeitig mit dem Eingangstakt schalten. Auf den Nutzen synchroner Schaltungen kommen wir später noch einmal zurück.

Der 74193 verfügt über einen Takteingang zum Hochzählen und einen zum Rückwärtszählen, einen Clear-Eingang, um den Zähler zu löschen bzw. auf 0000 zu setzen, und einen Load-Eingang. Das Load-Signal lädt die Eingangssignale an A bis D in die vier Flip-Flops. Verbindet man die Ausgänge Carry und Borrow mit den Eingängen UP (+) und DN (down = -), läßt sich der Zähler beliebig verlängern. Führt man den Übertrags-Impuls CARRY auf den LOAD-Eingang, so werden durch diesen Impuls die Pegel an den vier Eingängen A bis D in die vier Flip-Flops des Zählers geladen. Der Zähler zählt von diesem Wert an bis zum nächsten Überlauf. Liegt beispielsweise der hexadezimale Wert A (HLHL) oder (1010) an den Eingängen, so zählt der Zähler von A bis F, also 5 Pulse bis zum nächsten Übertrag. Das bedeutet, daß die Zählerzykluszeit bzw. das Teilerverhältnis vom angelegten Binärwert bestimmt wird. Das Teilerverhältnis ist somit programmierbar.

Vergleicher

Eine Exklusiv-Oder-Schaltung mit zwei Eingängen vergleicht die anliegenden Pegel auf Identität (siehe oben). Mehrere solche Schaltungen lassen sich so verdrahten, daß ein Vergleicher bzw. Komparator entsteht. Die nächsten Bilder zeigen zwei Beispiele. Der 7485 vergleicht zwei 4-bit-Werte und hat drei Ausgänge und drei Eingänge. Dadurch läßt sich der Baustein kaskadieren. An den Ausgängen gibt es Signale für <, = und >, je nachdem, ob die anliegenden 4-bit-Wörter A mit B identisch, größer oder kleiner sind.

Der 74HC688 vergleicht zwei 8-bit-Werte. Das Ausgangssignal geht bei Gleichheit auf LOW. Über den G-Eingang kann der Baustein gesperrt oder freigegeben werden. Der G-Eingang erlaubt auch die Kaskadierung. Die wohl häufigste Anwendung dieser Bausteine ist die Adreßdekodierung. Das Ausgangssignal signalisiert, daß die gewünschte Adresse anliegt.

4-bit-Vergleicher 7485

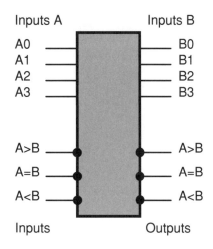

Wahrheitstabelle des 74HC688

Eingänge		Ausgang
P, Q	/G	/(P = Q)
P = Q	L	L
P ≠ Q	L	H
x	H	H

x = nicht relevant

Oszillatoren

Oszillatoren sind die Herzen der meisten Digitalschaltungen. Sie fehlen in kaum einer Digitalschaltung. Prinzipiell lassen sich Schaltungen auch ohne Takt (asynchron) betreiben.

Man stößt dabei jedoch sehr schnell an die Grenze des vernünftig machbaren. Die Vorteile getakteter Schaltungen sind ganz offensichtlich. Zu jedem Taktzeitpunkt geschieht etwas definiertes, das zu diesem Zeitpunkt auch meßbar ist. Besonders bei Schaltungen mit Speichern würde ein ungleichmäßiges Ankommen der Signale vorübergehend zu einem vieldeutigen Ausgangssignal führen, bis der aktuelle Schaltungszustand eingeschwungen ist, d. h. bis alle Signale auf den Leitungen sicher einen statischen Zustand erreicht haben.

Woher soll man aber ohne Takt wissen, wann das der Fall ist. Der Takt bestimmt den Zeitpunkt, wann Daten gültig sind und weiterverarbeitet werden können. Deshalb sind komplexe Schaltungen taktgesteuert.

In Mikrocontrollern sind Oszillatorschaltungen als Takterzeuger integriert. Sie sind mit einer externen Taktquelle oder mit einem externen Quarz oder Keramikschwinger als frequenzbestimmende Bauelemente beschaltet.

In den folgendenden Bildern sehen Sie zwei Oszillatorschaltungen.

Mit dem 7414 läßt sich ein einfacher Oszillator realisieren. Der 7414 enthält sechs Inverter mit Schmitt-Trigger-Eingängen. Diese haben folgende Eigenschaften: Die Ausgangsspannung schaltet bei einem Eingangsspannungspegel etwa auf halber Höhe der Betriebsspannung. Die genaue Höhe des Schaltpunkts ist abhängig davon, ob am Eingang eine positive oder negative Spannungsflanke anliegt.

Taktgenerator mit Schmitt-Trigger

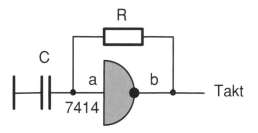

Spannungsverläufe

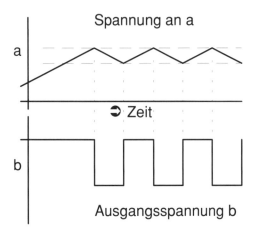

Der Unterschied zwischen diesen beiden Schaltpunkten heißt Hysterese.

Zur Erklärung dieser Schaltung gehen wir davon aus, daß nach dem Anlegen der Betriebsspannung der Kondensator einen Kurzschluß darstellt.

Der Eingang des Inverters (a) liegt in diesem Moment auf LOW, der Ausgang (b) deshalb auf HIGH. Über den Rückkoppelungswiderstand R lädt sich nun der Kondensator C soweit auf, bis die obere Schaltschwelle des Bausteins erreicht ist und der Inverter-Ausgang nach LOW geht. Jetzt entlädt sich der Kondensator bis zur unteren Schaltschwelle über den gleichen Widerstand und der Inverter schaltet zurück. Das Spiel wiederholt sich.

Die Ausgangsfrequenz hängt von der Größe der Hysterese, der Betriebsspannung und den Werten der RC-Kombination ab.

Das Diagramm unter dem Schaltbild zeigt den Sachverhalt vereinfacht. Die Auflade- und Entladungsvorgänge verlaufen in Wirklichkeit nach einer E-Funktion und nicht linear, wie gezeichnet. Solche Oszillatoren sind nicht sehr genau, reichen aber für viele Anwendungen aus.

Im Gegensatz dazu sind Quarzoszillatoren wesentlich genauer. Das zweite Beispiel zeigt einen mit Invertern realisierten Quarzoszillator. Der Inverter arbeitet in diesem Fall als Analogverstärker mit Phasenumkehrung. In Mikrocontrollern sind diese Oszillatorschaltungen, bis auf den Quarz, integriert.

Quarzoszillator

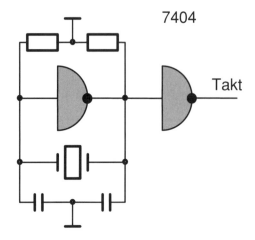

Speicher, RAM und ROM

RAM

Speicher sind Schaltungen zum Speichern von Information. Es gibt Speicher mit veränderbarem Inhalt (Schreib-/Lese-Speicher = RAM (Random Access Memory)) und solche mit festem Inhalt (nur lesbare Speicher (ROM = Read Only Memory)). Beim RAM unterscheidet man zwischen statischen und dynamischen Speichern. Statische Speicher, meist mit 4- oder 8-bit- oder auch 16-bit-Wortbreite, bestehen aus Flip-Flops. Beim Abschalten der Stromversorgung verlieren sie ihre Information. Beim Einschalten sind die Flip-Flops zufällig gesetzt.

In dynamischen Speichern besteht eine Speicherzelle aus nur einem Transistor (FET) und einem integrierten Kondensator. Der Kondensator ist das speicherfähige Element. Da der Kondensator seine Ladung langsam verliert, muß sein Inhalt regelmäßig aufgefrischt werden. Das bedeutet zusätzlichen externen Schaltungsaufwand und engt die Zugriffszeit ein. Die Verarbeitungsbreite ist meist ein oder vier Bit.

Innerer Aufbau eines statischen RAM

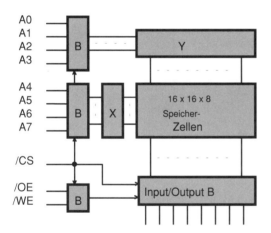

In einem Speicher sind die Speicherzellen als Feld angeordnet. Wie das Blockschaltbild eines statischen RAM zeigt, wird aus einem Teil der Adreßleitungen die Zeile und dem zweiten Teil die Spalte der aktuellen Adresse dekodiert. Alle Eingangs- und Ausgangssignale gehen über Buffer (B).

Statische RAMs benötigen mehr Chipfläche als dynamische RAMs und sind deshalb teurer. Dafür haben sie eine kürzere Zugriffszeit und benötigen keinen externen Hardware-Aufwand. Dynamische RAMs erlauben wegen dem geringeren Platzbedarf einer Zeicherzelle auf dem Chip größere Speicherkapazitäten. Statische RAMs werden überwiegend in Mikrocontroller-Schaltungen eingesetzt, dynamische RAMs in PC und größeren Computern.

ROM

Festwertspeicher unterscheiden sich untereinander in der Methode, wie die Information in den Baustein gelangt. Dabei gibt es nicht veränderbare und programmierbare Festwertspeicher. Die nicht veränderbaren sind maskenprogrammierte ROMs. Die Information wird dabei beim Herstellungsprozeß durch feste Verdrahtung (Maske) integriert. Dieses Verfahren eignet sich nur bei großen Stückzahlen. Es wird auch bei Mikrocontrollern eingesetzt.

Bei einer weiteren Variante (PROM = Programmable Read Only Memory) läßt sich die Information durch Schmelzen von in den Bausteinen integrierten Sicherungen programmieren. Vor der Programmierung sind alle Speicherinhalte LOW. Wird die Sicherung einer Speicherzelle durchgebrannt, geht der Inhalt auf HIGH.

Außerdem gibt es EPROMs und EEPROMs. EPROMs sind elektrisch programmierbar. Der Inhalt kann durch UV-Licht gelöscht werden. Diese Bausteine sind wegen dem Keramikgehäuse mit Quarzfenster relativ teuer.

Als preiswerte Version gibt es die nur einmal programmierbaren und nicht löschbaren EPROMs (OTP). Diese haben ein Plastikgehäuse ohne Fenster und sind deshalb preiswerter. EEPROMs sind elektrisch beschreibbar und löschbar. Der Schreibvorgang erfordert jedoch bei allen diesen Versionen einen zusätzlichen Zeitaufwand, gelegentlich auch besondere Spannungen und ist bei manchen Bausteintypen in der maximalen Anzahl der Schreibzyklen beschränkt. Besonders in der Entwicklungs und Prototypenphase sind EPROMs nützlich.

8-Kbyte-RAM 5564

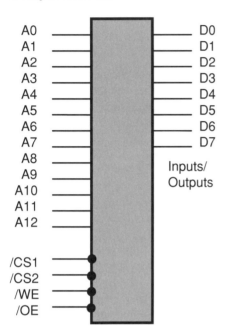

In der Entwicklung und bei kleineren Applikationen, die nicht in großen Stückzahlen produziert werden, verwendet man heute als Festwertspeicher meist EPROMs. Sie lassen sich leicht ändern und sind für die meisten Anwendungen schnell genug. Als Schreib-und Lese-Speicher werden meist statische RAMs eingesetzt. Als Beispiel sind ein 8-Kbyte-RAM und ein 8-Kbyte EPROM gezeigt. Weitere gebräuchliche Typen haben 32, 64 und 128 Kbyte Kapazität.

Der einzige wesentliche Unterschied in der Beschaltung zwischen RAM und ROM ist, daß das RAM über einen Write-Eingang verfügt(/WE = Write Enable). Liegt beim RAM der Signalpegel an diesem Eingang auf LOW, werden die an D0 bis D7 liegenden Daten unter der anliegenden Adresse gespeichert. Liegt der Pegel auf HIGH, erscheinen die adressierten Daten an D0 bis D7. Das gezeigte RAM hat zwei Chip-Enable-Eingänge (CE). Diese benötigt man, um einen Baustein aus einer größeren Zahl gleichartiger Bausteine zu selektieren (um größere Speicherkapazitäten zu realisieren). Dazu kommt der Write-Eingang (/WR) zum Schreiben und der Output Enable-Eingang (/OE), um die Information an den Ausgang zu legen. Ist der Spannungspegel an /OE HIGH, sind die Ausgänge im hochohmigen Zustand (Tristate).

8-Kbyte-EPROM 2764

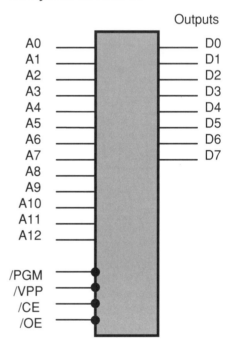

Für die funktionelle Betrachtung genügt, daß Speicher Informationen enthalten, die nach Anlegen einer Adresse herausgelesen bzw. überschrieben werden können. Für unsere Überlegungen genügt die Betrachtung von Speichern, die unter jeder Adresse parallel 8 Bit speichern und parallel ausgeben können.

Addierer, Arithmetikeinheit

Als letzten Bausteintyp stellen wir zwei Arithmetikbausteine vor: einen 4-bit-Volladdierer (74HC283) und eine vielseitige 4-bit-Arithmetik- und Logik-Einheit.

4-bit-Volladdierer 74HC283

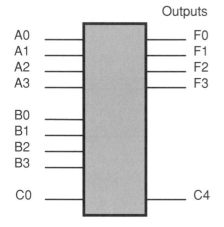

4-bit-Arithmetisch-Logische Einheit 74181

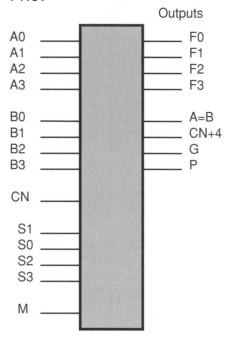

Wahrheitstabelle des 74HC283

Eingänge			Ausgänge	
Bn	An	C0	∑An Bn	C4
L	L	L	L	L
L	L	H	H	L
L	H	L	H	L
L	H	H	L	H
H	L	L	H	L
H	L	H	L	H
H	H	L	L	H
H	H	H	H	H

Beide Bausteine lassen sich beliebig kaskadieren. Der Wahrheitstabelle entsprechend erklärt sich die Additionsfunktion des 74HC283 von selbst.

An der unten dargestellten Wahrheitstabelle sieht man, was für komplexe Funktionen mit einem einzigen Baustein schon vor 20 Jahren möglich realisierbar waren.

Die Wahrheitstabelle wurde in drei Teilen untereinander angeordnet. Die Zeilennummern geben die Referenz zu den zusammengehörenden Zeilen der verschiedenen Listen. Es würde hier zu weit führen, diesen Baustein zu diskutieren.

Wahrheitstabelle des 74181

	Auswahl				Aktiv LOW Daten
	S3	S2	S1	S0	M = H Logische Funktion
1	L	L	L	L	F = /A
2	L	L	L	H	F = /(AB)
3	L	L	H	L	F = /A + B
4	L	L	H	H	F = 1
5	L	H	L	L	F = /(A + B)
6	L	H	L	H	F = /B
7	L	H	H	L	F = /(A ⊕ B)
8	L	H	H	H	F = A + /B
9	H	L	L	L	F = /AB
10	H	L	L	H	F = A ⊕ B
11	H	L	H	L	F = B
12	H	L	H	H	F = A + B
13	H	H	L	L	F = 0
14	H	H	L	H	F = A/B
15	H	H	H	L	F = AB
16	H	H	H	H	F = A

/ = negiert, ⊕ = EXKLUSIV ODER, * jedes Bit wird um eine Stelle verschoben

	M = L, Arithmetik-Operation Cn=H (mit Carry)
1	F = A
2	F = AB
3	F = (A/B)
4	F = Zero
5	F = A Plus (A + /B) Plus 1
6	F = AB Plus (A + /B) Plus 1
7	F = A Minus B
8	F = (A + /B) Plus 1
9	F = A Plus (A + B) Plus 1
10	F = A Plus B Plus 1
11	F = A/B Plus (A + B) Plus 1
12	F = (A + B) Plus 1
13	F = A Plus A Plus 1
14	F = AB Plus A Plus 1
15	F = A/B Plus A Plus 1
16	F = A Plus 1

	M = L, Arithmetik-Operation Cn=L (ohne Carry)
1	F = A Minus 1
2	F = AB Minus 1
3	F = A/B Minus 1
4	F = Minus 1 (2'Copml)
5	F = A Plus (A+/B)
6	F = AB Plus (A + B)
7	F = A Minus B Minus 1
8	F = A + /B
9	F = A Plus (A + B)
10	F = A Plus B
11	F = A/B Plus (A + B)
12	F = A + B
13	F = A Plus A*
14	F = AB Plus A
15	F = A/B Plus A
16	F = A

Hiermit schließen wir die Betrachtung der typischen Logikbausteine ab. Wollen Sie Schaltungen realisieren, müssen Sie sich mit der Vielzahl angebotener Bausteintypen vertraut machen. Zum Verständnis des folgenden Abschnitts ist dies jedoch nicht nötig.

2.2 Schaltungen mit Festwertspeicher

Die Kenntnis der Arbeitsweise von Festwertspeicher-Schaltungen ist für das Verständnis der Computer-Struktur ganz unentbehrlich.

Festwertspeicher-Schaltungen enthalten ein ROM, EPROM oder EEPROM mit einprogrammierter Information. Im Gegensatz zum RAM behalten Sie ihre Information auch bei Unterbrechung der Versorgungsspannung. Logisch und funktionell sind diese Bausteine alle identisch. Prinzipiell sind auch RAMs in diesen Schaltungen einzusetzen. In diese muß jedoch vor dem Betrieb der Schaltung die erforderliche

Information hineingeschrieben werden. Einfachheitshalber sprechen wir im folgenden vom ROM, wenn wir Festwertspeicher meinen.

Wahrheitstabellen sind bei ROM-Schaltungen unentbehrlich, jedoch unter Umständen so umfangreich, daß man damit allein für eine Anwendung ein Buch füllen könnte.

Anwendungen

Wir stellen hier einige unterschiedliche Anwendungen vor, um Sie in die Thematik einzuführen.

Tabellen

Vielfach enthalten ROMs Tabellen. Damit sind z. B. schnelle arithmetische Funktionen realisierbar, weil das Ergebnis nach der Zugriffszeit des Bausteins direkt verfügbar ist.

Einfache Beispiele sind die gezeigten Addierer/Subtrahierer und Multiplizierer. Die angelegten Eingangswerte liegen an den Adreßeingängen. Unter jeder Adresse ist das entsprechende Ergebnis abgespeichert. Sind größere Werte zu berechnen, steigt die erforderliche Speicherkapazität schnell an. Eine ähnliche Anwendung ist die Speicherung von Sinuswerten. Durch Hochzählen der Eingangsadressen erscheint am Ausgang die digitale Sinusfunktion, die über einen D/A-Wandler in eine analoge Sinusfrequenz umgewandelt werden kann. Häufig werden alphanumerische Zeichen für die Drucker- oder Bildschirm-Ausgabe im ROM abgelegt.

Oft werden mit Festwertspeicher Code-Wandler realisiert. Das EPROM aus dem Bild des Addieres/Subtrahierers kann, wenn als Code-Wandler eingesetzt, 256 verschiedene 8-bit-Zeichen in 64 umschaltbare Codetabellen umwandeln.

ROM als Addierer/Subtrahierer

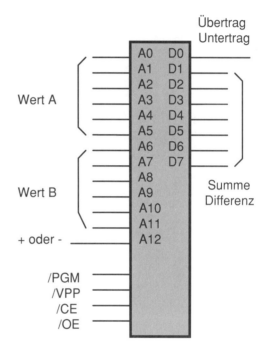

Ablaufsteuerung zur Zeichendarstellung

Die Schaltung dazu sehen Sie im folgenden Bild. An einem Teil der Adresseneingänge liegt das anzuzeigende ASCII-Zeichen, an einem weiteren Teil liegen die Ausgänge eines Zeilenzählers und mit den übrigen Adreßeingängen lassen sich verschiedene Zeichensätze einschalten. Die Ausgänge des ROM gehen auf einen Demultiplexer, der von einem Bildpunktezähler angesteuert wird.

ROM als Zeichengenerator

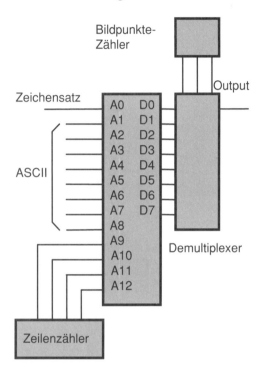

ker oder auf dem Bildschirm zeilenweise aufgebaut wird. Siehe dazu auch das Bild des Schemas des Buchstabens M. Ist die in einem Moment angesteuerte Zpeicherzelle HIGH, wird der Punkt gedruckt bzw. aufgehellt.

Steuerung sequentieller Abläufe

Etwas schwerer zu verstehen, aber sehr wichtig, ist die Funktion der im folgenden Bild dargestellte Schaltung einer sequentiellen Logik. Diese Ablaufsteuerungen löst bei einem anliegenden Kommando bzw. Befehl eine Reihe unterschiedlicher zeitlich aufeinanderfolgender Aktionen aus.

Sequentielle Logik

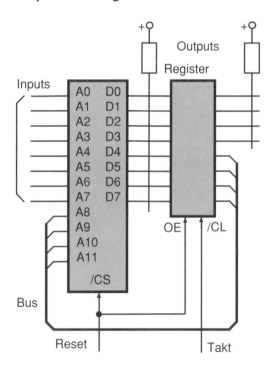

Schema des gespeicherten Buchstabens M

0	1	2	3	4	5	6	7	Bildpunkte
H							H	Zeile 0
H	H					H	H	Zeile 1
H		H			H		H	Zeile 2
H			H				H	Zeile 3
H							H	Zeile 4
H							H	Zeile 5
H							H	Zeile 6
H							H	Zeile 7

Dieser legt in der Bildpunktfrequenz die vom ROM parallel ausgegebene Zeile zum richtigen Moment punktweise auf den Demultiplexerausgang. Die Zeilenfrequenz ist viel niedriger als die Bildpunktefrequenz, da das Bild im Drucker

Dabei werden die Ausgangssignale des ROM mit einem Taktsignal in ein Register abgespeichert. Ein Teil dieser Signale wird auf einen

Teil der ROM-Adressen zurückgekoppelt und bestimmt somit die neue Adresse. Mit dem nächsten Übernahmetakt am Register übernimmt dieses die inzwischen anstehenden ROM-Ausgangssignale.

Die Schaltung erlaubt 256 Eingangssignale. Jedes dieser Signale kann man auch als ein Kommando oder einen Befehl bezeichnen, der etwas besonderes bewirkt. Von dem bei jeder Adresse abgelegten Byte sind die niederwertigen vier Bits Ausgangssignale. Die höherwertigen vier Bit werden auf Eingangsadressen des ROM zurückgekoppelt. Dadurch ergeben sich für jedes angelegte Signal für die folgenden 16 Takte beliebig programmierbare Ausgangssignale.

Nun zur Funktion der Schaltung: Nach dem Einschalten liegt am Eingang ein Zeichen, z. B. 01010101 (AAH). Da der Inhalt des Registers in diesem Moment undefiniert ist, läßt sich nicht sagen, welches Ausgangssignal vorliegt. Durch das Signal /OE (Output Enable) lassen sich die Ausgangsregister in einen hochohmigen (tristate) Zustand schalten. Die angedeuteten Pull-up-Widerstände ziehen solange die Ausgangspegel auf HIGH. Dadurch sind die Ausgangspegel zu diesem Zeitpunkt definiert.

Außer dem Taktimpuls am Registereingang liegt am Chip-Select-Eingang des ROM (/CS) ein mit Reset (Rücksetzen) bezeichnetes Signal. Dieses Signal wirkt folgendermaßen: Geht der /CS-Eingang nach HIGH, so gehen alle ROM-Ausgänge nach HIGH. Mit dem nächsten Takt, d. h. mit der nächsten steigenden Flanke am Takt-Eingang des D-Flip-Flop-Registers, werden diese Werte übernommen. Somit ist ein definierter Zustand der Ausgangssignale hergestellt. Reset-Schaltungen spielen bei allen Digitalschaltungen eine wesentliche Rolle, da nach dem Einschalten speicherfähige Elemente, wie in diesem Beispiel die Register-Flip-Flops, undefiniert gesetzt sind. Wird der Reset wieder aufgehoben, so liegt am Ausgang des ROM der Wert an, der für die Eingangsadresse programmiert wurde. In diesem Falle AAH an A0 bis A7 und HIGH für die Adreßeingänge A9 bis A12. Dieser Wert wird mit dem nächsten Takt in das Register übernommen. Von diesem Wert wird nun ein Teil auf die Adreßeingänge zurückgekoppelt, wodurch sich die Ausgangssignale am ROM sofort wieder entsprechend dem Inhalt der neuen Adresse ändern. Im Register steht jedoch so lange der ursprüngliche Wert, bis mit dem nächsten Takt am Register der neue Wert übernommen wird.

Somit können für einen am ROM angelegten Wert nacheinander 16 verschiedene Ausgangssignalmuster erzeugt werden, genauso wie sie programmiert wurden. Ändert sich das Eingangssignal an A0 bis A7 nicht, wiederholt sich der Zyklus alle 16 Registertakte. Es ist leicht einsehbar, daß auf diese Weise sehr flexible Signalsteuerungen realisierbar sind. Solche Schaltungen ermöglichen relativ einfach die Konstruktion von Computerschaltungen.

2.3 Mikrocontroller, Aufbau und Arbeitsweise

Mit Logikbausteinen und Speichern lassen sich theoretisch alle logisch formulierbaren Probleme lösen. Dabei liegt es nur am erforderlichen Aufwand, ob das Problem in einem Takt gelöst wird oder ob dazu beliebig viel Zeit zur Verfügung stehen muß. Beispielsweise addiert der 4-bit-Arithmetikbaustein 74181 in einem Takt zwei 4-bit-Zahlen. Um eine 1000-bit-Zahl (ca. 250 Dezimalstellen) zu addieren, könnte man die 4-bit-Werte nacheinander aus dem Speicher holen, addieren und zurückspeichern. Dazu wäre nur ein Addierer, ein Speicher und eine kleine Ablaufsteuerung nötig. Der Zeitaufwand wäre 250 Datentransport- und Addierzyklen, um die Daten aus dem Speicher zu holen, zu addieren und zurückzuspeichern. Angenommen, ein Zyklus benötigt 50 ns, so dauerte die Addition 10 µs. Wollte man die Addition in einem Takt (50 ns) abwickeln, müßte man 250 Addierer kaskadieren.

Diese Überlegungen zeigen die für die Hardware und Software ganz grundlegende Tatsache, daß man bei komplexeren Aufgaben den Materialaufwand auf Kosten der Zeit beschränken muß. Bei der Hardware ist zwischen Zeit und Bausteinaufwand, bei der Software zwischen Zeit und Speicherplatzbedarf abzuwägen.

Schaltungen mit Logik und Festwertspeichern haben einen gravierenden Nachteil. Der Entwicklungsaufwand wird bei komplexeren Aufgaben schnell sehr hoch. Man muß die Festwertspeicher programmieren. Das ist leicht bei Code-Tabellen, aber schon schwieriger bei sequentiellen Steuerungen. Das kann so schwierig sein, daß man für die Programmierung eine eigene Sprache und Testhilfsmittel entwerfen muß. Dazu kommt, daß für jede Aufgabe eine neue Schaltung zu konzipieren ist. Solche Schaltungen sind zudem ohne zusätzliche Maßnahmen schwer zu durchschauen und schwer zu ändern, da die Information im Speicher (Software) ihre Funktion bestimmt. Die Software ist jedoch extrem problemorientiert. Die universelle Lösung dieser Probleme ist der Computer. In diesem Fall sorgt die Schaltung dafür, daß die Befehle des Programms sequentiell abgearbeitet werden und somit die angestrebte Lösung ermöglicht wird. Die Software gibt dem System erst die Eigenschaft zur Problemlösung. Genau wie es bei den Logik-Bausteinen logische, Schiebe-, Speicher- und arithmetische Funktionen gibt, so gibt es im Computer Befehle, die funktionell das gleiche leisten. Hinzu kommen noch die Transportbefehle, um Daten aus dem Speicher ins Rechenwerk zu holen oder zurückzubringen, und

Sprungbefehle. Mehr darüber später. Die Summe der Befehle zur Lösung einer Aufgabe ist das Programm.

Der große Vorteil dieses Konzepts liegt darin, daß auf einer Schaltung beliebige Programme für ganz unterschiedliche Aufgaben ablaufen können, ohne daß die Hardware deshalb geändert werden müßte.

Ein Computer besteht immer aus mindestens den folgenden Komponenten: Einem Rechenwerk zur Abwicklung der Arithmetik- und Logik-Befehle, einem Speicher, in dem das Programm steht, einen Speicher für die zu verarbeitenden Daten sowie einer Eingabe- und Ausgabeeinheit für Daten.

Mit dem, was Sie bisher gelernt haben, fällt es Ihnen sicher nicht schwer, das Computer-Prinzip zu verstehen. Das folgende Bild zeigt das Prinzipschaltbild. Es gliedert sich in zwei Bereiche; der Ablaufsteuerung mit dem Programmspeicher (oberhalb der gestrichelten Linie) und der Arithmetikeinheit, dem Datenpeicher und den Eingabe- und Ausgabekomponenten (unterhalb der gestrichelten Linie).

Die Hardware der gezeigten Komponenten mit der Ablaufsteuerung ist der Computer. Bei den Mikrocontrollern sind diese Teile auf **einem** Siliziumchip integriert. Dazu kommen dann noch mehr oder weniger aufwendige Peripheriekomponenten wie serielle Schnittstellen, Timer, A/D-Wandler usw. Mit diesen werden über Registeradressen Steuer- und Ergebnisdaten ausgetauscht. In der jetz folgenden Überlegung bleiben sie unberücksichtigt.

Hardware 39

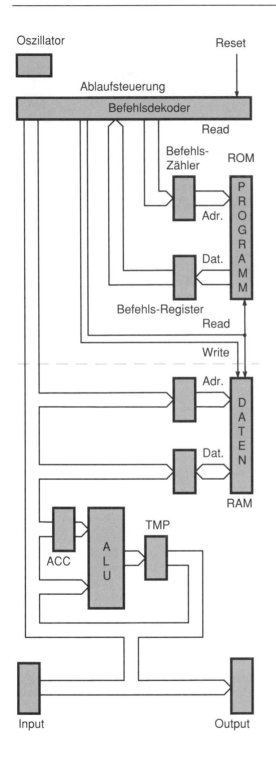

Von der Ablaufsteuerung gehen Taktleitungen zu allen Registern. Sie sorgen dafür, daß Befehle und Daten zu den richtigen Zeitpunkten in die entsprechenden Register übernommen werden und an den Registerausgängen anliegen. Diese Verbindungen wurden der besseren Übersichtlichkeit wegen nicht eingezeichnet. In den Blockschaltbildern der Mikrocontroller fehlt üblicherweise die Ablaufsteuerung. Sie wird als selbstverständlich vorausgesetzt.

Ablaufsteuerung

Die Ablaufsteuerung hat zwei Aufgaben:

❒ Sie holt über die im Befehlszähler stehende Adresse (Program Counter) einen Befehl aus dem Befehlsspeicher in das Befehlsregister. Nach der Befehlsausführung erhöht sie den Inhalt des Befehlszählers auf die Adresse des nächsten Befehls und wiederholt den Zyklus.

❒ Sie führt den Befehls aus.

Befehlszyklus

Der Befehlszyklus läuft im Detail so ab: In der Startposition (durch das Reset-Signal) wird der Befehlszähler auf Null und die Ablaufsteuerung zurück gesetzt (Reset). Über den Befehlszähler mit dem Inhalt 0 wird die erste Adresse im Befehlsspeicher adressiert. Am Ausgang des Befehlsspeichers liegt dann der erste Befehl des Programms. Dieser wird in das Befehlsregister geladen und beeinflußt seinerseits die Ablaufsteuerung in der für diesen Befehl typischen Weise. Nachdem der Befehl abgearbeitet ist, wird der Inhalt des Befehlszählers auf die Adresse des folgenden im Speicher stehenden Befehls erhöht. Er adressiert jetzt den nächsten Befehl. Der Zyklus wiederholt sich.

Eine ganz wichtige Eigenschaft des Computers ist, daß das Programm den sequentiellen Programmablauf durch unbedingte oder bedingte Sprungbefehle unterbrechen kann, um an einer anderen Stelle des Programms fortzufahren. Ein unbedingter Sprungbefehl lautet beispielsweise "Springe zur Adresse 1000" (JMP 1000). Der Befehl veranlaßt die Ablaufsteuerung den Wert 1000, der ja Bestandteil des Befehls ist, in das Befehlsregister zu laden. Beim darauf folgenden Befehlszyklus wird dadurch die Adresse 1000 im Befehlsspeicher adressiert. Beim bedingten Sprungbefehl ist die Aktion von einer Bedingung abhängig, beispielsweise, ob der Inhalt des Akkumulators 0 ist.

Ein Befehl besteht meistens aus einem Operationsteil und einem oder zwei Adreßteilen. Der Befehl ADD A,BETRAG addiert den Inhalt der Speicherzelle mit dem Namen Betrag in den Akkumulator (ACC).

Arithmetik-Logik-Einheit

Diese Einheit, auch ALU (Arithmetic Logic Unit) genannt, ist das Rechenwerk. In ihr lassen sich die Daten logisch verarbeiten. Der Kern dieser Einheit ist das Register mit dem Namen Akkumulator.

Befehlstypen

Von jedem Befehlstyp wollen wir einen am Beispiel des Blockschaltbilds durchspielen. Es gibt folgende Befehlstypen:

Transportbefehle

Eine Dateneinheit (Datum) wird von einer Quellenadresse zu einer Zieladresse transportiert. Quelle bzw. Ziel können Speicher, Akkumulator, Input- oder Outputkanal sein.

Beispielsweise soll eine Dateneinheit vom Input-Kanal zum Akkumulator transportiert werden. Dann schaltet die Ablaufsteuerung zuerst das Inputregister auf den internen Bus und lädt diesen Wert dann in das Akkumulatorregister.

Bei einem Transportbefehl vom Akkumulator zum Datenspeicher wird zuerst die im Befehl enthaltene Zieladresse in das Adressenregister des Datenspeichers geladen, dann der Inhalt des Akkumulators (durch die ALU) über den internen Bus in das Datenregister des Datenspeichers gegeben. Das darauf folgende Write-Signal übernimmt das Datum in den Speicher.

Arithmetik- und Logik-Befehle

Der Inhalt des Akku wird immer mit einer Dateneinheit verknüpft. Das Ergebnis steht anschließend im Akku. Beim Befehl

    ADD A,BETRAG

beispielsweise, wird zuerst die Adresse Betrag in das Adressenregister des Datenspeichers gelegt. Der unter dieser Adresse gespeicherte Betrag wird in das Datenregister geladen. Der Registerinhalt befindet sich somit auf dem Bus und steht damit gleichzeitig mit dem Inhalt des Akkumulators der ALU zu Verfügung. Die ALU realisiert die Addition und speichert das Ergebnis das temporäre Register TMP. Der nächste Takt speichert den Wert in den Akkumulator zurück. Damit ist der Befehl abgeschlossen.

Lösch- und Shiftbefehle

Diese Befehle beziehen sich meistens auf den Akkumulator und verändern seinen Inhalt. Die Ausführung braucht nicht erklärt zu werden.

Bedingte oder unbedingte Sprungbefehle

Diese Befehle unterbrechen den sequentiellen Programmablauf unbedingt oder in Abhängigkeit von Bedingungen, beispielsweise, ob der Inhalt des Akkumulators Null ist. Das geschieht durch Laden der Adresse im Sprungbefehl in den Program Counter.

Kapitel 3
Software

3 Software

3.1 Einleitung

Wie schon im vorangegangenen Kapitel besprochen gibt es logisch gesehen keinen prinzipiellen Unterschied zwischen Hardware und Software. Die Elemente der Hardware sind integrierte Schaltungen, Elemente der Software sind Befehle. Damit wird jeweils die gewünschte Problemlösung realisiert.

Der wesentliche Unterschied zwischen Hardware und Software liegt in der physikalischen Realisierung und darin, daß in der Hardware normalerweise viele Aktionen gleichzeitig (parallel) ablaufen, während in einem Programm sequentiell, ein Befehl nach dem anderen abgearbeitet wird.

Dieses Kapitel gliedert sich in die Abschnitte:

- Logik der Programmierung
- Grundlagen der Programmierpraxis
- Befehlssatz des 8051
- Assembler
- Programmbeispiele

3.2 Logik der Programmierung

An einigen Beispielen zeigen wir Ihnen die verschiedenen Aspekte der Assemblerprogrammierung und führen Sie in die Logik der Programmierung ein. Im Verlauf der Beispielbeschreibungen auftauchende Begriffe wie Unterprogramme, Stack (Stapelspeicher) und Programmschleifen erklären wir kurz. Später gehen wir dann noch einmal ausführlicher darauf ein. Im Glossar, im Anhang C finden Sie die Begriffe zusätzlich erklärt.

Programmbeispiele

Wir stellen uns ein relativ einfaches Mikrocontrollersystem vor, das eine Uhr realisiert. Als Eingabe gibt es zwei Tasten zum Stellen der Uhrzeit. Die aktuelle Uhrzeit wird über sechs 7-Segmentanzeigen unmittelbar angezeigt. Wir befassen uns hier nur mit der Uhrfunktion und ignorieren Einstell- und Anzeigeeigenschaften.

Der Zeittakt wird vom Quarz des Controllers direkt abgeleitet. Er erzeugt, bedingt durch einen auf dem Chip integrierten Zähler, jede Sekunde einen Interrupt (Unterbrechung des normalen Programmablaufs und Start eines Interrupt-Programms). Dieser Interrupt startet das hier beschriebene Programm, das wir 'SEKUNDEN_TAKT' nennen.

Im Controller gibt es drei Speicherzellen die wir mit

SEKUNDE
MINUTE
STUNDE

bezeichnen. Beim ersten Programmstart sind alle Speicherzellen gelöscht, der Inhalt ist Null.

Namen und Marken

Noch eine Zwischenbemerkung zu den für Speicherzellen oder Programmstücke verwendeten Namen (Label). Diese kann der Programmierer frei wählen. Meist beschreiben sie die Bedeutung der benannten Sache. Später ordnet ein Computer-Programm (Assembler) diesem Namen Adressen zu und übersetzt die im Mnemo-Code geschriebenen Befehle in den Maschinencode. Mnemo-Code bedeutet, daß beispielsweise für den Divisionsbefehl DIV geschrieben wird, statt 84, wie es der Computer versteht. Über das Assemblerprogramm erfahren Sie später mehr.

Nun zu unserem Programmbeispiel: Das Programm SEKUNDEN_TAKT_1 hat folgende Aufgaben:

1. Inkrementiere (erhöhe um 1) den Inhalt der Speicherzelle SEKUNDE.
2. Ist der Inhalt von SEKUNDE kleiner als der Wert 60, beende das Programm; ist der Wert von SEKUNDE = 60, dann fahre bei 3. fort.
3. Lösche den Inhalt von SEKUNDE.
4. Inkrementiere den Inhalt der Speicherzelle MINUTE.
5. Ist der Inhalt von MINUTE kleiner als 60, beende das Programm; ist der Wert von MINUTE = 60, dann fahre bei 6. fort.
6. Lösche den Inhalt von MINUTE.
7. Inkrementiere den Inhalt der Speicherzelle STUNDE.
8. Ist der Inhalt der Speicherzelle kleiner als 24, beende das Programm. Ist der Wert von STUNDE = 24, dann lösche den Inhalt von STUNDE.
9. Beende das Programm.

Es ist jedenfalls einfacher zu schreiben: Springe nach DIVISIONSPROGRAMM, ohne sich darum kümmern zu müssen, bei welcher Adresse dieses im Befehlsspeicher steht, oder hole ERGEBNIS in den Akkumulator, ohne zu wissen, wo das ERGEBNIS im Datenspeicher steht. Wir können dieses Programm auch in einer symbolischen Kurzform schreiben. In der folgenden Notierung bedeutet der in runden Klammern eingeschlossene Begriff 'Inhalt von'. Der Pfeil bedeutet: 'gehe nach' oder 'bringe zu'.

Sieht man diese Anweisungen als zeitliches nacheinander, müßte der Pfeil nach rechts zeigen. Die hier vorgestellte Schreibweise wurde aus der Mathematik übernommen. In einer Gleichung steht die Unbekannte auch auf der linken Seite.

Übrigens, das '_'-Zeichen im Wort SEKUNDEN_TAKT ist kein Schreibfehler. Es unterstützt die Lesbarkeit, da solche Namen nur aus einem Wort bestehen dürfen.

Kurzform des Programms

SEKUNDEN_TAKT_1:
  (SEKUNDE) $\leftarrow$ (SEKUNDE) + 1
  Wenn (SEKUNDE) $\neq$ 60, dann
  Springe nach ENDE
  (SEKUNDE) $\leftarrow$ 0
  (MINUTE) $\leftarrow$ (MINUTE) + 1
  Wenn (MINUTE) $\neq$ 60, dann
  Springe nach Ende
  (MINUTE) $\leftarrow$ 0
  (STUNDE) $\leftarrow$ (STUNDE) + 1
  Wenn (STUNDE) $\neq$ 24, dann
  Springe nach ENDE
  (STUNDE) $\leftarrow$ 0
ENDE

Programmablaufplan (PAP)

Zum PAP (auch Flußdiagramm) noch ein paar Vorbemerkungen. Im PAP wird SEKUNDE mit SEK, MINUTE mit MIN und STUNDE mit STND bezeichnet. Ein PAP setzt sich aus mehreren Symbolen zusammen. In diesem Falle genügen drei. Der Programmeingang und der Programmausgang wird durch einen Kreis gekennzeichnet.

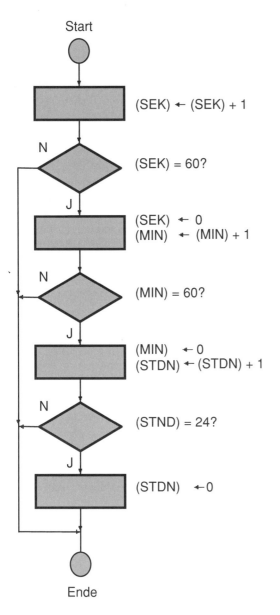

Einen Ja- und einen Nein-Ausgang. Kreise, Blöcke und Rauten müssen bezeichnet sein, damit man die jeweilige Funktion nachvollziehen kann. Schließlich zeigen Pfeile die Flußrichtung an.

1. Bringe Inhalt der Speicherzelle SEKUNDE in den Akkumulator.
2. Springe nach Unterprogramm **UP1**.
3. Speichere Inhalt des Akkumulators nach SEKUNDE.
4. Ist der Inhalt des Akkumulators ≠ 0, springe nach Ende.
5. Bringe Inhalt der Speicherzelle MINUTE in Akkumulator.
6. Springe nach Unterprogramm **UP1**.
7. Bringe Inhalt des Akkumulators nach Speicherzelle MINUTE.
8. Ist der Inhalt des Akkumulators ≠ 0, springe nach Ende.
9. Inkrementiere den Inhalt der Speicherzelle STUNDE.
10. Ist der Inhalt der Speicherzelle kleiner als 24, beende das Programm. Ist der Wert von STUNDE = 24, lösche den Inhalt von STUNDE.
11. Beende das Programm.

UP1
1. Inkrementiere den Inhalt des Akkumulators.
2. Ist der Inhalt des Akkumulators = 60, dann lösche Akkumulator.
3. Springe zurück.

Befehle, Gruppen von Befehlen oder ganze Programmstücke mit einem Eingang und einem Ausgang werden durch einen Block dargestellt. Bedingte Entscheidungen stellen Rauten dar. Eine Raute hat einen Eingang und zwei Ausgänge.

Betrachtet man die Anweisungen genauer, so sieht man, daß bis auf die Benennung der Speicherzellen SEK und MIN die Anweisungen 1) bis 3) mit 4) bis 7) identisch sind. Diese Situation kommt oft vor. Zur eleganten Lösung dieses Problems gibt es die sogenannte Unterprogrammtechnik (englisch subroutine). Das mehrfach vorkommende Programmstück wird nur einmal geschrieben und bekommt einen Namen. In unserem Falle UP1. In der nächsten

48 Kapitel 3

Zeichnung wurde dies mit einem besonderen Symbol gekennzeichnet. Statt dem erforderlichen Programmstück steht im Hauptprogramm an diesen Stellen der Aufruf des UP1. Eine besondere Schaltungsmaßnahme stellt sicher, daß das Hauptprogramm an der richtigen Stelle fortfährt, wenn UP1 abgearbeitet ist. Ein Unterprogramm kann von beliebig vielen Stellen aufgerufen werden. Wir wiederholen jetzt das zuletzt beschriebene Programm mit der Unterprogrammtechnik.

SEKUNDEN_TAKT_2:
   (Akku) ← (SEKUNDE)
   Springe nach **UP1**
   (SEKUNDE) ← (Akku)
   Ist (Akku) ≠ 0, springe nach Ende
   (Akku) ← (MINUTE)
   Springe nach **UP1**
   (MINUTE) ← (Akku)
   Ist (Akku) ≠ 0, springe nach Ende
   (STUNDE) ← (STUNDE) + 1
   Wenn (STUNDE) ≠ 24, dann
   Springe nach ENDE
   (STUNDE) ← 0
ENDE

UP1:
1. (Akku) ← (Akku) + 1
2. Ist (Akku) = 60, dann
   (Akku) ← 0
3. Springe aus Unterprogramm zurück

Die Einsparung durch die Unterprogrammtechnik mag Ihnen bei diesem Beispiel nicht groß erscheinen. Sie haben damit auch recht. Aber wenn Sie sich vorstellen, daß Unterprogramme auch sehr umfangreich sein können, daß sie von vielen Stellen aus aufzurufen sind und daß Sie Unterprogramme mit oft vorkommenden Aufgaben in einer Bibliothek ablegen können, dann erkennen Sie die Vorteile dieser Methode. Im Verlauf jeder Programmierpraxis bildet sich eine nützliche Unterprogrammbibliothek.

Unterprogramm UP1

Das Unterprogamm bekommt beim Start in dem einen Fall die SEKUNDEN und im anderen Fall die MINUTEN übergeben. Da beide Fälle gleich zu behandeln sind, wird auf den Inhalt des Akku eine 1 addiert und wenn das Ergebnis 60 ist, gelöscht.

Den Wert im Akku bezeichnet man hier als Übergabeparameter oder auch als Ergebnis im Akku als Rückgabewert, der an das Hauptprogramm zurückgeliefert wird. Kehrt das Unterprogramm zum Hauptprogramm zurück, so muß im Hauptprogramm nochmals auf 0 abgefragt werden. In diesem Beispiel liegt der Vorteil nur in der Demonstration der Unterprogrammtechnik, nicht in der Einsparung der Befehle.

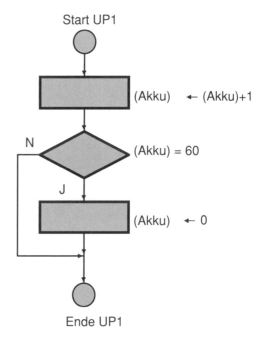

Software 49

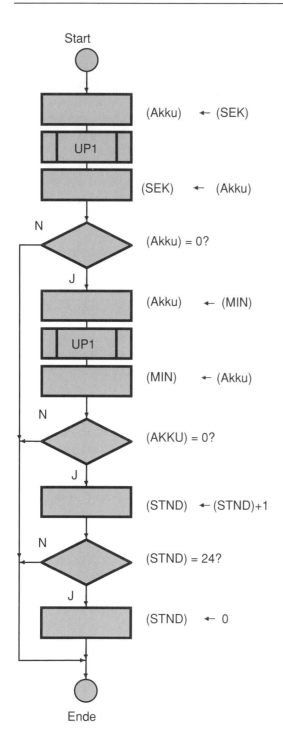

Die Unterprogrammtechnik wird durch die Stapelspeichertechnik möglich. Wir verwenden im folgenden den allgemein eingeführten englischen Begriff Stack. Im Abschnitt 'Programmierpraxis' gehen wir näher darauf ein.

Außer dem Begriff Unterprogramm kommen in dem eben beschriebenen Beispiel auch bedingte Sprungbefehle vor. Der Sprungbefehl veranlaßt den Computer mit dem Programm an einer anderen Stelle fortzufahren, wenn eine bestimmte Bedingung erfüllt oder, je nach Befehl, nicht erfüllt ist.

Befassen Sie sich bitte zum Thema "bedingte Sprünge" mit folgendem Beispiel: Im Datenspeicher stehen drei Zahlen (Variablen), die wir mit X, Y und Z bezeichnen. Das Programm soll den größten Wert ermitteln und in ERG abspeichern.

Der Mensch erkennt das Ergebnis auf einen Blick. Für den Rechner scheint es etwas umständlicher. Allerdings irrt er sich nie (wenn kein Programmfehler vorliegt) und er ist auch viel schneller.

Das nächste Bild zeigt dazu das Flußdiagramm. Um das Programm zu testen, muß man es mit verschiedenen Zahlenwerten für X, Y und Z durchspielen. Damit jede Verzweigung einmal mit dem Ja- und einmal mit dem Nein-Ausgang getestet wird, benötigt man vier Testdatensätze.

Versuchen Sie es einmal mit den folgenden Zahlen:

X	Y	Z
15	5	10
10	5	15
5	15	10
5	10	15

Programmiert man mit dem Assembler, so muß das Programm jedes zu verarbeitende Datum aus dem Speicher holen bzw. das Ergebnis dort hinbringen.

Dabei muß das Programm wissen, wo die Daten im Speicher sind. Das funktioniert beispielsweise mit symbolischen Adressen, wie wir sie oben für SEKUNDE, MINUTE usw. verwendet haben.

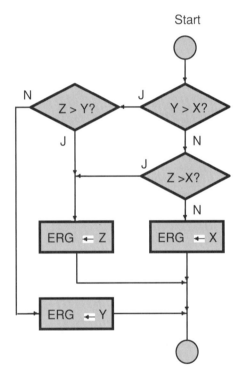

Liegen Daten in größeren Mengen, etwa in Listenform vor, was häufig vorkommt, so ist es unpraktisch oder auch unmöglich, jedes Listenelement mit einem Namen zu versehen, zumal die Listenlänge vielleicht vorher noch nicht bekannt ist. Das Programm muß die Liste durchsuchen können. Das ist nur durch Arbeiten mit Adressen möglich. Eine Anmerkung zu dem im vorangegangenen Abschnitt verwendeten Begriff 'Datum'. Dieser Begriff ist dem Neuling

als Zeitbestimmungsbegriff geläufig und deshalb in diesem Zusammenhang ungewohnt. In der Informatik bezeichnet ein Datum auch eine Informationseinheit, die als solche angesprochen werden kann, ohne daß ihre Größe definiert sein müßte. Arbeiten mit Adressen spielt in der Assemblerprogrammierung eine ganz wesentliche Rolle. Deshalb ist das richtige Verständnis dieser Materie ganz wichtig. Wie wir schon erklärten, besteht ein Speicher aus einem oder mehreren Bausteinen, die Informationen enthalten.

Da er, im Gegensatz zu einem Flip-Flop, sehr viel mehr Informationen enthält als Anschlüsse zur Abfrage seines Zustands verfügbar sind, ist auf seinen Inhalt über Adressen zuzugreifen. Die Speicherzellen sind bei Mikrocontroller-Systemen meist zu 8 bit organisiert, d. h. ein Datum besteht aus einer 8-stelligen Binärzahl. Unter jeder Adresse kann ein Datum abgespeichert werden. Über diese Adressen kann der Computer auf einen Befehl oder das Programm auf ein Datum zugreifen. Die Befehle eines Programms sind in aufsteigender Reihenfolge im Speicher abgelegt.

In den meisten Fällen (auch bei der 8051-Mikrocontroller-Familie) haben Programm- und Datenspeicher getrennte Adreßbereiche. Die Bausteine sind ebenfalls physikalisch getrennt. Hier kann auf den Datenspeicher schreibend und lesend zugegriffen werden, auf den Programmspeicher nur lesend. Der Vorteil dieser sogenannten Harward-Architektur liegt in einer größeren Sicherheit des Systems. Das Programm kann vom Controller selbst nicht verändert werden und kann sich dadurch nicht zerstören.

Andererseits gibt es Fälle, in denen das Zusammenlegen des Befehls- und Datenspeichers in einem gemeinsamen RAM-Bereich nützlich sein kann (Von-Neumann-Architektur). Beispielsweise in der Testphase. Die Fälle, in denen dann das Programm anfangen könnte, sich selbst zu verbessern, lassen wie hier einmal außer acht. Alle Computerarchitekturen verfügen über Register zur einfachen Adressenmanipulation. Ein solches Register enthält die Adresse der Speicherzelle, auf die das Programm zugreifen will; es wird Zeiger-, Pointer- oder Indexregister genannt. Bestimmte Befehlstypen greifen nun nicht direkt, sondern über dieses Indexregister auf den Datenspeicher zu. Man spricht dann von einer indirekten Adressierung. Will das Programm beispielsweise eine Liste im Speicher durchsuchen, so muß nicht für jede Adresse ein eigener Befehl mit einem jeweils anderen Adreßteil geschrieben werden, sondern es ist nur die Adresse im Indexregister zu verändern.

Die Befehle

    MOV   A,@R1
    MOV   @R1,A

bedeuten: bringe den Inhalt der Zpeicherzelle, deren Adresse im Register R1 steht, in den Akku. Das '@'-Zeichen bedeutet 'indirekt'. Der zweite Befehl speichert den Akkumulatorinhalt indirekt zurück. Beispielsweise steht in R1 die Adresse 66 und in der Speicherzell 66 steht BA. Nach dem Befehl MOV A,@R1 wurde der Wert BA in den Akkumulator kopiert.

Beim Befehl MOV @R1,A wird in dem beschriebenen Beispiel der Inhalt des Akku nach 66 kopiert. Erhöht man den Inhalt von R1, so werden die Befehle mit der um 1 erhöhten Adresse ausgeführt.

Was das Indexregister für den Zugriff auf Daten bedeutet, das bedeutet der Befehlszähler (Program Counter) für das Programm. Allerdings hat der Programmierer auf den Program Counter keinen unmittelbaren Zugriff. Ein Indexregister kann durch einen Befehl inkrementiert (+ 1) oder dekrementiert (- 1) werden.

Somit kann das Programm in einer Schleife mit Hilfe des indirekten Speicherzugriffs eine Liste durchlaufen. Ist ein Listenelement länger als ein Byte, beispielsweise fünf byte, so ist jeweils entsprechen der Addend, also z. B. fünf zum Indexregister hinzuzuzählen, um auf das nächste Listenelement zu kommen.

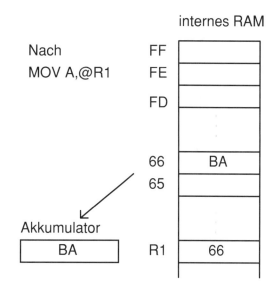

Das nächste Beispiel verdeutlicht diesen Sachverhalt. Die Adresse einer Speicherzelle wird durch ihren absoluten Wert dargestellt. Da diese beim Schreiben des Programms noch nicht bekannt ist, wird sie durch einen symbolischen Namen bezeichnet. Der Computer kann später die absoluten Adressen berechnen.

Es ist üblich und praktisch, der ersten Speicherzelle einer Liste einen Namen zu geben.

Das folgende Programmbeispiel soll aus einer Liste den größten Wert ermitteln und in die Speicherzelle MAX ablegen. Die Listenlänge ist dem Programm nicht bekannt. Das Listenende ist durch einen Listeneintrag mit dem Wert 00H gekennzeichnet (in der Computertechnik wird 00H als Listenende = End Of File (EOF) verwendet).

1. Speichere 0 nach der Speicherzelle MAX.
2. Speichere die Adresse LISTEN_ANFANG nach DPTR (Data Pointer).
3. Hole den Inhalt der über DPTR adressierten Speicherzelle in den Akku.
4. Wenn Inhalt des Akku gleich 00H ist, beende das Programm.
5. Wenn der Inhalt des Akku > als der Inhalt von MAX ist, speichere den Inhalt des Akku in die Speicherzelle MAX.
6. Inkrementiere DPTR (erhöhe um 1)
7. Springe nach 3.

Die Kurzschreibweise des Programms lautet:

(MAX)   ←   0
(DPTR) ←   LISTEN_ANFANG
LOOP:
(AKKU) ←   ((DPTR))
Wenn (AKKU) = 0 → ENDE
Wenn (AKKU) > (MAX), dann
(MAX)   ←   (AKKU)
(DPTR) ←   (DPTR) + 1
Springe nach LOOP
ENDE:

Im letzten Beispiel dieser Kategorie ändern wir das eben zitierte Beispiel etwas ab. Statt einem Data Pointer haben wir zwei, DPTR_1 und DPTR_2. Die Schritte des Programms haben folgende Funktionen:

Der erste Zeiger DPTR_1 steht auf dem ersten Listenelement, während der zweite Zeiger DPTR_2 die Liste durchläuft. Anschließend geht der erste Zeiger auf das zweite Listenelement und das Spiel wiederholt sich so lange, bis DPTR_1 am Listenende angekommen ist.

Werden nun die Inhalte der vom DPTR_1 und DPTR_2 adressierten Speicherzellen immer getauscht, wenn der Inhalt der vom DPTR_2 adressierten Speicherzelle kleiner ist als der von der durch den DPTR_1 adressierten, so haben Sie am Programmende eine aufsteigend sortierte Liste vor sich.

Fragen Sie auf "größer als" ab, so ist die Liste in absteigender Reihenfolge sortiert.

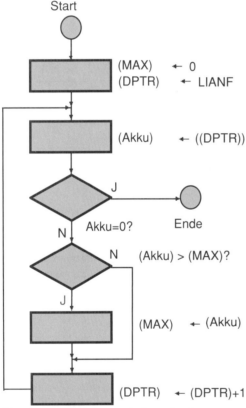

Würde MAX nicht am Anfang des Programms gelöscht, könnte darin ein beliebiger Wert stehen. Das würde mit hoher Wahrscheinlichkeit zu einem fehlerhaften Ergebnis führen.

Software

1. Speichere die Adresse LISTEN_ANFANG nach DPTR_1.
2. Speichere Inhalt von DPTR_1 (die Adresse) nach DPTR_2 und inkrementiere DPTR_2.
3. Wenn der Inhalt der über den DPTR_1 adressierten Speicherzelle gleich 0 ist, dann beende das Programm.
4. Wenn der Inhalt der über den DPTR_2 adressierten Speicherzelle gleich 0 ist, dann inkrementiere den Inhalt des DPTR_1 und fahre bei 2. fort.
5. Wenn der Inhalt der über den DPTR_1 adressierten Speicherzelle > als der über den DPTR_2 adressierten Speicherzelle ist, dann fahre bei 2. fort.
6. Tausche die Inhalte der über DPTR_1 und DPTR_2 adressierten Speicherzellen miteinander aus.
7. Fahre bei 2. fort.

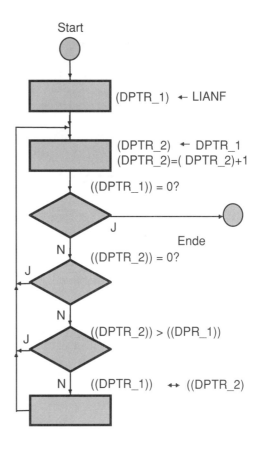

Die Kurzschreibweise:

```
       (DPTR_1)   ←   LISTEN_ANFANG
LOOP_1:
       (DPTR_2)   ←   (DPTR_1)
       (DPTR_2)   ←   (DPTR_2) + 1
LOOP_2:
       Wenn ((DPTR_1)) = 0, → ENDE, sonst
       Wenn ((DPTR_2)) = 0, dann
       (DPTR_1)   ← (DPTR_1) + 1
       Springe nach LOOP_1, sonst
       Wenn ((DPTR_2)) > ((DPTR_1)),
       dann ((DPTR_1)) ↔ ((DPTR_2)), sonst
       Springe nach LOOP
ENDE:
```

Es gibt auch schnellere Sortierverfahren als das hier vorgeführte. Für unsere Zwecke eignet es sich jedoch hinreichend gut. Manchmal ist die Listenendadresse bekannt. Dann ist statt auf den Inhalt des Listenelementes auf die Endadresse abzufragen. Oft wird auch die Listenlänge in Byte angegeben.

Dann kann man entweder die Listenlänge errechnen und dann auf die Endadresse abfragen oder es wird in einem Zähler-Register bei jedem Schleifendurchlauf heruntergezählt und auf Null abgefragt. Hat man zweidimensionale oder vierdimensionale Listen, so ist das Verfahren im Prinzip genau gleich. Für jede Dimension benötigt man einen Data Pointer.

Es gibt Listenelemente mit einem größerem Abstand als 1. Sind die zu sortierenden Listenelemente alle gleich lang, ändert sich dann nur der Summand. Es gibt auch Listen mit variablen Listenelementen, beispielsweise bei Texten. In diesen Fällen müssen der Anfang eines Listenelements und seine Länge eindeutig gekennzeichnet sein. Möglich wäre z. B., daß das erste Byte des Listenelements mit dem Inhalt 0 anfängt. Das darauf folgende Byte enthält die Länge des Listenelements und dann beginnt erst das Listenelement selbst. Das Listenende muß ebenfalls eindeutig gekennzeichnet sein. Beispielsweise durch zwei aufeinanderfolgende 0-Bytes.

3.3 Befehle des 8051

Nach unserem ersten Ausflug in die Logik der Programmierung müssen wir konkreter werden, damit das eben gelernte realisierbar wird. Dazu erklären wir Ihnen zuerst den Befehsatz des 8051. Dazu ist anzumerken, daß alle Mitglieder der 8051-Mikrocontroller-Familie mit dem gleichen Befehlssatz arbeiten. Die bei diesen Bausteinen sehr unterschiedlichen integrierten Peripherie-Komponenten werden über die sogenannten Special-Function-Register gesteuert. Somit ist ein 8051-Assembler oder Compiler für alle 8051-Varianten verwendbar.

Unter Befehlssatz versteht man alle Befehlstypen, mit denen der Controller arbeiten kann. Bei der 8051-Familie umfaßt der Befehlssatz 111 Basis-Befehle.

Verarbeitungsbreite

Ein wichtiger Begriff bei jedem Computer ist die Verarbeitungsbreite. Verarbeitungsbreite bedeutet die Wortlänge in Bit oder Byte, die der Computer parallel (gleichzeitig) verarbeitet. Bei den 8-bit-Mikrocontrollern ist die Verarbeitungsbreite ein Byte. Das sind 8 bit. Es lassen sich damit Zahlenwerte zwischen 0 und 255 mit einem Befehl verarbeiten. Prinzipiell sind beliebig große Zahlen verarbeitbar. Allerdings sind diese sequentiell zu verarbeiten. Ist beispielsweise die Addition zweier 64-bit-Zahlen erforderlich, so geschieht das durch die Addition vom niederwertigsten Byte an, wobei das Übertragsbit bei der nächsten Addition jeweils hinzugefügt wird. Nach acht Additionen ist das Ergebnis verfügbar. Solche arithmetischen Mehrbytefunktionen können einmal geschrieben als Unterprogramme in einer Bibliothek angeboten werden.

Speicher

Um Befehlsfunktionen, Anwendung und Adressierungsarten nachvollziehen zu können ist die Kenntnis der Speicherstruktur der 8051-Mikrocontroller-Familie erforderlich. Wir geben hierzu einen kurzen Überblick. Im Anhang B wird der Baustein 80515 mit allen seinen Komponenten ausführlicher beschrieben. Davon zitieren wir auch die Speicherbeschreibung.

Programmspeicherbereiche

Auf den Programmspeicher greift der Controller zum Einlesen der Befehle zu. Im Programmspeicher des 80515 sind die Adressen von 0 bis 6DH für die Interrupt-Vektoren vorgesehen (falls Interrupts verwendet werden). Dort stehen die Sprungbefehle, die auf die entsprechenden Interrupt-Service-Routines springen. Die Interrupt Service Routinen springen mit mit dem Befehl RETI ins Hauptprogramm zurück. Auf der Adresse 0 muß ein Sprungbefehl zum Programmanfang stehen.

Der 80515 hat 8 Kbyte internen Befehlsspeicher (ROM) und 256 byte internen Datenspeicher (RAM). Dazu kommt ein Bereich von 128 byte, in dem die Special-Function-Register untergebracht sind. Extern ist der Befehlsspeicher bis 64 Kbyte erweiterbar. Zusätzlich läßt sich 64 Kbyte externer Datenspeicher anschließen. Zu den ROM-Versionen gibt es auch ROM-lose Versionen. Es handelt sich dabei um die physikalisch identischen Bausteine. Durch Anlegen des LOW-Pegels an den /EA-Pin wird das interne ROM abgeschaltet. Das externe ROM kann dann 64 Kbyte groß sein.

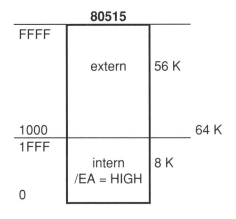

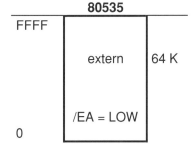

Im Programmspeicher des 80515 sind die Adressen 0 bis 6DH für die Interrupt-Vektoren vorgesehen, falls Interrupts verwendet werden. Dort müssen gegebenenfalls die Sprungbefehle stehen, die auf die entsprechenden InterruptService-Routinen springen. Die Interrupt-Service-Routinen kehren mit dem Befehl RETI ins Hauptprogramm zurück.

Adressen im Programmspeicher

Adresse	Interrupt
FFFFH	
6BH	Externer Interrupt 6
6AH	
63H	Externer Interrupt 5
62H	
5BH	Externer Interrupt 4
5AH	
53H	Externer Interrupt 3
52H	
4B	Externer Interrupt 2
4A	
43H	A/D-Wandler-Interrupt
42H	
2BH	Timer 2 Interrupt
2AH	
23H	Interrupt der seriellen Schnittstelle
22H	
1BH	Timer 1 Interrupt
1AH	
13H	Externer Interrupt 1
12H	
BH	Timer 0 Interrupt
AH	
3H	Externer Interrupt 0
2H	
0	Startadresse

Datenspeicher

Der Datenspeicher gliedert sich in vier Teile:

1) 128 byte unterer interner RAM-Bereich. Auf diesen Bereich greifen direkt und indirekt adressierbaren Befehlen zu.

2) 128 byte oberer interner RAM-Bereich. Darauf kann nur mittels dirkter Adressierung zugegriffen werden

3) 128 byte Special-Function-Register-Bereich. Darauf kann nur mittels dirkter Adressierung zugegriffen werden.

4) Externer Datenspeicher. Hierauf ist nur indirekt Befehlen zuzugreifen.

HEX	MSB						LSB
7FH							
30H							
2FH	7F	7E	7D	7C	7B	7A	79	78
2EH	77	76	75	74	73	72	71	70
2DH	6F	6E	6D	6C	6B	6A	69	68
2CH	67	66	65	64	63	62	61	60
2BH	5F	5E	5D	5C	5B	5A	59	58
2AH	57	56	55	54	53	52	51	50
29H	4F	4E	4D	4C	4B	4A	49	48
28H	47	46	45	44	43	42	41	40
27H	3F	3E	3D	3C	3B	3A	39	38
26H	37	36	35	34	33	32	31	30
25H	2F	2E	2D	2C	2B	2A	29	28
24H	27	26	25	24	23	22	21	20
23H	1F	1E	1D	1C	1B	1A	19	18
22H	17	16	15	14	13	12	11	10
21H	0F	0E	0D	0C	0B	0A	09	08
20H	07	06	05	04	03	02	01	00
1FH	Registerbank 3						
18H							
17H	Registerbank 2						
10H							
0FH	Registerbank 1						
08H							
07H	Registerbank 0						
0H							

```
          intern
    FF ┌─────────┬─────────┐
       │         │         │
       │  RAM    │   SFR   │
       │  2)  128│   3)    │
    80 │         │         │
       ├─────────┼─────────┘
    7F │         │
       │  RAM    │
       │  1)  128│
     0 │         │
       └─────────┘
          extern
  FFFF ┌─────────┐
       │         │
       │   4) 64K│
       │         │
     0 │         │
       └─────────┘
```

Adressen im internen RAM

Die unteren 128 byte des internen RAM enthalten vier Registerbänke mit je 8 byte (Register 0 bis Register 7) und daran anschließend 16 bit-adressierbare Bytes.

Über die Bits PSW.3 und .4 ist immer eine der vier Registerbänke eingestellt. Auf die Speicherzellen der aktuellen Registerbank sind besondere Adressierungsarten anwendbar. Sie werden später beschrieben. Der Vorteil dieser Registerbanktechnik ist die schnelle Umschaltung auf die anderen Registerbank bei Interrupts. Es müssen nicht erst alle Register einzeln reserviert werden. Die unteren 128 byte des interne RAM sind direkt oder indirekt (über R0 und R1 der aktuellen Registerbank) adressierbar, die oberen 128 byte des internen RAM nur indirekt (über R0 und R1 der aktuellen Registerbank), die SFR sind nur direkt adressierbar. Die maximal 64 Kbyte des externen Datenspeichers sind nur indirekt über den Data Pointer (DPTR) zu adressieren. Der oberer interne RAM-Bereich und der interne SFR-Bereich haben die gleichen Adressen. Nur die Adressierungsart bestimmt, welche Speicherzellen angesprochen werden. Der Stack kann beliebigen im unteren oder oberen internen RAM-Bereich liegen.

Befehlsstruktur

Ein Befehl besteht normalerweise aus einem Operationsteil (dem Befehlscode) und einem Adreßteil (Operanden) oder aus zwei Adreßteilen. Der Operationsteil enthält die Anweisung, was zu tun ist, beispielsweise

ADD	für Addition
DIV	für Division
AND	für AND-Verknüpfung
MOV	für Datentransport

Der Adreßteil verweist auf ein Datum, das unter der angegebenen Adresse zu finden ist. Dieses Datum ist Gegenstand des Befehls. Es gibt Befehle ohne Operanden (Adreßteile) und Befehle, die sich auf ein Register (beispielsweise den Akkumulator) beziehen. Dabei ist die Adresse im Befehlscode enthalten. Bei Operanden spricht man vom Quellenoperanden und Zieloperanden, je nachdem von wo oder wohin der Befehl wirkt. Im Abschnitt über die Befehlstypen lernen Sie die Funktion und Anwendung dieser Befehle. Ein wichtiges Gebiet bei der Assemblerprogrammierung ist, wie oben erwähnt, die Adressierung. Auf die meisten Befehle lassen sich mehrere Adressierungsarten anwenden. Darauf gehen wir nach der Erläuterung der Befehlstypen ein.

Befehlstypen

Hier werden die Befehlstypen beschrieben, ohne in allen Fällen auf die Funktion der Befehle eingehen zu können. Für jeden Befehlstyp führen wir ein oder zwei ausführliche Beispiele an. Eine ausführliche Beschreibung aller Befehle mit Anwendungsbeispielen finden Sie in dem Buch "MC-Tools 2, Einführung in die Software der 8051-Mikrocontroller-Familie" aus dem gleichen Verlag.

Befehlstypen sind:

❐ **Transport-Befehle** transferieren Bits oder Bytes zwischen Speicher und SFR oder von Speicherzelle zu Speicherzelle.

❐ **Arithmetik-Befehle:** Rechenfähig ist der Akkumulator. Diese Befehle beziehen sich also immer auf den Akkumulator.

❐ **Logik-Befehle** verknüpfen Bits oder Bytes logisch miteinander.

❐ **Setz-, Lösch- und Shiftbefehle** setzen bzw. löschen Bits oder Bytes. Shiftbefehle schieben die Information im Akkumulator; sie sind eine spezielle Art von Bit-Transportbefehlen innerhalb eines Bytes.

❐ **Sprungbefehle** unterbrechen den linearen Programmablauf, um an anderer Stelle fortzufahren.

58 Kapitel 3

Transportbefehle

Beispiel 1 zu den Transportbefehlen, MOV ADRESSE_1, ADRESSE_2

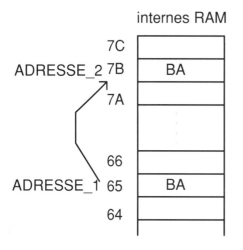

MOV-Befehle kopieren Bits oder Bytes vom Quell- zum Zieloperanden.

Nach der Ausführung des Befehls

```
MOV     ADDRESSE_1,ADRESSE_2
```

steht der Inhalt von ADRESSE_1 auch in der Speicherzelle ADRESSE_2. Dieser Befehl bezieht sich auf den direkt adressierbaren Speicherbereich von 0 bis 256 (0 bis FFH) des internen RAM.

Beispiel 2 zu den Transportbefehlen

Nach dem Befehl MOV A,#0FEH steht der Wert FE im Akkumulator. Das #-Zeichen bedeutet, daß der Adreßteil als Konstante und nicht als Adresse zu behandeln ist. Nach MOV A,66H steht der Inhalt von 66H im Akkumulator. BA bleibt im Speicher stehen.

Beispiel 3 zu den Transportbefehlen

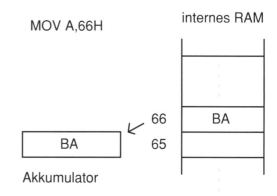

PUSH inkrementiert das Register SP (Stack Pointer) und kopiert dann ein Byte vom Quellen- zum, durch den SP adressierten, Zieloperanden.

POP kopiert ein Byte vom, durch den SP adressierten, Quellenoperanden zum Zieloperanden und dekrementiert anschließend den SP.

Der Stack (Stapel- oder Kellerspeicher) eignet sich für das Zwischenspeichern von Daten oder Adressen. Bei der Unterprogramm- und Interrupt-Technik übernimmt die Ablaufsteuerung des Mikrocontrollers das Stack-Management. Wir kommen bei der Besprechung dieser Befehle darauf zurück.

Für die Anwendung der Befehle POP und PUSH ist nur wichtig zu wissen, daß das zuletzt in den Stack geschriebene Byte zuerst wieder ausgelesen wird. Die Adreßteile dieser Befehle beziehen sich auf den direkt adressierbaren Speicherbereich. Der Stack selbst liegt innerhalb des internen RAM. Der Stack Pointer enthält immer die aktuelle Stack-Adresse.

Beispiel 4 zu den Transportbefehlen, PUSH und POP

Wir spielen das folgende kleine Programmstück schrittweise durch. Das Programm soll den Inhalt des Akkumulators in den Speicherzellen 21 und 22 im Stack ablegen (reservieren) und am Ende des hier nicht wiedergegebenen Programmstücks wieder zurückholen.

```
PUSH    ACC
PUSH    21H
PUSH    22H
---
POP     22H
POP     21H
POP     ACC
```

Das folgende Bild (Schritt 1) zeigt die Situation vor der Programmausführung. Der Stack Pointer ist mit der Adresse 65 geladen. Im Akkumulator befindet sich der Wert BA, in der Speicherzelle 21 der Wert BB und in der Speicherzelle 22 der Wert BC. Das darauf folgende Bild (Schritt 2) zeigt die Lage nach der Ausführung der drei PUSH-Befehle. Der erste PUSH-Befehl erhöht den Inhalt des Stack Pointers um 1 und speichert den Inhalt des Akkumulators in die aktuelle Stack-Adresse ab. Die nächsten zwei PUSH-Befehle wirken dementsprechend. Der Stack Pointer hat dann den Wert 68H und die drei Werte sind in der Reihenfolge der Befehlsausführung im Stack abgespeichert. Nach Schritt 3, im folgenden Bild, sind die drei POP-Befehle ebenfalls abgearbeitet. Stellen Sie sich vor, daß zwischen den PUSH- und POP-Befehlen der Akkumulator und die Inhalte der Speicherzellen 21 und 22 überschrieben wurden und daß die POP-Befehle den ursprünglichen Zustand wiederherstellen. Der Stack Pointer enthält wieder den Wert 65. Im Stack stehen zwar noch die ursprünglich reservierten Werte. Diese können jedoch bei späteren Stack-Operationen wieder überschrieben werden.

Schritt 1
vor der Programmausführung

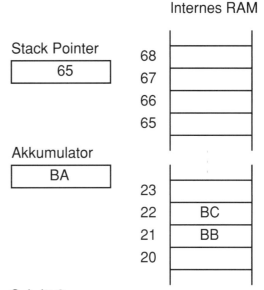

Schritt 2
nach den drei PUSH-Befehlen

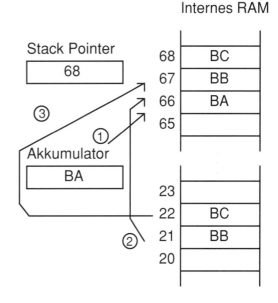

Schritt 3
nach der Programmausführung

vor der Befehlsausführung

XCH A,21H

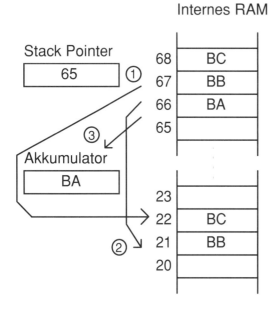

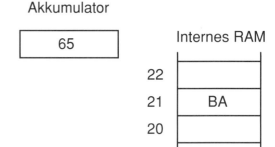

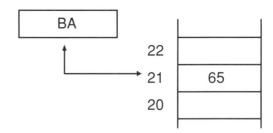

MOV DPTR,#daten lädt die angegebene 16-bit-Konstante in die Zieladressen DPH und DPL. Das aus DPH (HIGH-Byte) und DPL (LOW-Byte) zusammengesetzte 16-bit-Register DPTR (DATA POINTER) dient zur indirekten Adressierung des Programm- oder Datenspeichers durch das Programm.

Beispiel 5 zu den Transportbefehlen, Akku-Transportbefehl XCH

XCH tauscht das Byte des Quelloperanden mit dem Inhalt des Akkumulators (A).

XCHD tauscht das niederwertige "Nibble" (die Bits 0 bis 3) im Byte des Quelloperanden mit dem höherwertigen "Nibble" des Akkumulators. Der Begriff Nibble bezeichnet eine 4-bit-Informationseinheit.

MOVC transportiert ein Byte vom Programmspeicher zum Akkumulator (A). Der Operand in A wird dabei als Index für eine 256-byte-Konstantentabelle im Programm mit DPTR oder Program Counter als Basis verwendet.

MOVX kopiert ein Byte zwischen dem externen Datenspeicher und A. Die externe Adresse kann durch DPTR (16-bit-Data-Pointer), R0 oder R1 (8-bit-Register der aktuellen Registerbank) spezifiziert sein.

Software 61

Beispiel 6 zu den Transportbefehlen, MOVX @DPTR,A

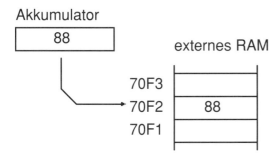

Arithmetikbefehle

Der 8051 hat vier arithmetische Befehlstypen. Da bei den Arithmetikbefehlen unter Umständen Überläufe, Unterläufe und Vorzeichen zu beachten sind, gibt es ein besonderes Register (PSW = Program Status Word), das nach der Befehlsausführung diese zusätzlichen Informationen enthält. Sie können dann nach Bedarf abgefragt werden.

Die Befehle MUL (Multiplikation) und DIV (Division) berücksichtigen keine Vorzeichen. Mittels des Überlauf-Flags (OV = Overflow) lassen sich vorzeichenbehaftete Additionen und Subtraktionen durchführen. Mit Hilfe des Befehls DA 'gepackte' Dezimaloperationen möglich. Gepackt bedeutet: zwei BCD-Ziffern in einem Byte. Sollen Dezimalzahlen über LCD oder LED angezeigt werden, so ist die Berechnung und Ausgabe in BCD-Zahlen (Binär codierte Dezimalzahlen) sinnvoll. Dazu gibt es entsprechende Befehle.

Als nächstes beschreiben wir die Funktion der Bits im PSW: Das **P**rogram-**S**tatus-**W**ord-Register enthält Flags für die Registerbankselektion und Informationen zu den Ergebnissen arithmetischer Operationen. Letztere interessieren an dieser Stelle.

PSW

MSB							LSB
7	6	5	4	3	2	1	0
CY	AC	F0	RS1	RS0	OV	-	P
D7	D6	D5	D4	D3	D2	D1	D0

CY (Carry Flag) wird bei den Befehlen ADD, ADDC und SUBB als Übertrag bei der Addition bzw. Untertrag bei der Subtraktion gesetzt (INC/DEC beeinflussen CY nicht), wenn die Operation einen Übertrag vom oder zum resultierenden Bit ergibt. Andernfalls ist es gelöscht.

AC (Auxiliary Carry Flag) für BCD-Operationen. BCD-Arithmetik ist Rechnen im Dezimalsystem. In einem Byte ist in den unteren und oberen 4 Bit je eine Zahl untergebracht, die die Werte von 0 bis 9 annehmen kann. AC wird gesetzt, wenn die Operation einen Übertrag (während der Addition) von den niederwertigen vier Bits oder einen Untertrag (borrow, während der Subtraktion) von den höherwertigen vier Bits ergibt. Andernfalls ist AC gelöscht.

OV (Overflow Flag) — Überlauf-Flag — wird für die vorzeichenbehaftete Arithmetik benötigt. Es wird auf 1 gesetzt, wenn bei einer Addition oder Subtraktion der vorzeichenbehaftete Zahlenbereich (von -128 (80H) bis 127 (7FH)) verlassen wird und bei einer Division durch 0. MUL AB setzt OV, wenn das Ergebnis > FFH ist.

RS1 und **RS0** (Register Bank Select) Diese Bits stellen die aktuelle Registerbank ein.

00 = Registerbank 0
01 = Registerbank 1
10 = Registerbank 2
11 = Registerbank 3

Der Befehl MOV PSW,#10H stellt beispielsweise die Registerbank 2 ein.

P (Parity Flag) Dieses Flag wird in jedem Maschinenzyklus gesetzt, wenn die Zahl der gesetzten Bits im Akkumulator ungerade ist. Bei einer geraden Anzahl von gesetzten Bits wird P gelöscht. Ein in das PSW geschriebener Wert beeinflußt P nicht. Dieses Bit kann als Prüfbit verwendet werden. Wird beispielsweise ein Byte mit dem dazugehörenden Paritybit über die serielle Schnittstelle übertragen, kann die Paritätsprüfung und der Vergleich mit dem übertragenen Paritybit zeigen, ob ein Bit verlorengegangen ist.

Addition

INC addiert eine 1 zum Inhalt des Quellenoperanden (increment) und legt das Ergebnis im Quellenoperanden ab.

ADD addiert einen Quellenoperanden zum Inhalt des Akkumulators (A). Nach der Befehlsausführung steht das Ergebnis in A und bei einem Überlauf in C (Carry Flag).

ADDC addiert den Inhalt des Quellenoperanden + C (Carry Flag im PSW) zum Inhalt von A. Das Resultat steht in A und C. Das Carry-Bit ist das Übertragsbit des Akkumulators für arithmetische Operationen. Durch dieses Bit sind Mehrbyte-Arithmetikprogramme möglich.

Beispiel 1 zu den Arithmetikbefehlen, ADD und ADDC

Das folgende Programm addiert zwei 16-bit-Zahlen. Die Zahlen sind unter ALOW und AHIGH bzw. BLOW und BHIGH abgespeichert. Das Ergebnis soll nicht größer als 16 bit sein und in ELOW und EHIGH abgespeichert werden.

```
MOV   A,ALOW      ; A ← ALOW
ADD   A,BLOW      ; ALOW + BLOW
MOV   ELOW,A      ; ELOW ← A
MOV   A,AHIGH     ; A ← AHIGH
ADDC  B,HIGH      ; AHIGH + BHIGH
MOV   EHIGH,A     ; EHIGH ← A
```

Der ADD-Befehl setzt das Carry-Bit im PSW, wenn sich bei der Addition ein Übertrag ergeben hat, sonst löscht er es. Der ADDC-Befehl addiert den Inhalt des Carry Flag zu seinem Ergebnis hinzu und setzt bzw. löscht es, wenn die Addition einen Übertrag ergab. Das ermöglicht Mehrbyte-Additionen.

Additionsprogramm

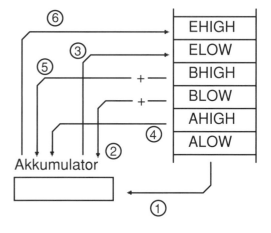

DA (Dezimal Adjust) korrigiert das Resultat einer Addition von BCD-Zahlen im Akkumulator in zwei BCD-Ziffern. Die gepackte Dezimalsumme steht in A. Ist die Summe größer als 99, wird CY gesetzt, andernfalls gelöscht. Dieser Befehl wandelt Binär-Zahlen nicht in Dezimalzahlen.

Subtraktion

SUBB subtrahiert den Quellenoperanden vom Inhalt in A und subtrahiert zusätzlich eine 1, wenn das Carry-Bit (C) gesetzt war. Das Resultat geht nach A und C. In diesem Falle dient das Carry-Bit als Unterlauf-Bit und ermöglicht dadurch Mehrbyte-Subtraktionen. Vor der Subtraktion der ersten Stelle ist das Carry Flag zu löschen. Bei Mehrbyte-Subtraktionen bezieht es dann der SUBB-Befehl automatisch mit in die Subtraktion ein.

DEC subtrahiert eine 1 vom Quellenoperanden (decrement). Das Resultat steht im Quellenoperanden.

Multiplikation

MUL multipliziert den vorzeichenlosen Inhalt von A mit dem vorzeichenlosen Inhalt des B-Registers. Vom 2-byte-Resultat kommt das niederwertige Byte nach A und das höherwertige nach B. Ist das Resultat > 255, wird OV gesetzt (Ergebnis 2 Byte lang), andernfalls wird es gelöscht. CY wird gelöscht, AC wird nicht beeinflußt. CY = Carry und OV = Overflow sind Bits im PSW-Register. Sie können nach dem Befehl abgefragt werden.

Beispiel 2 zu den Arithmetikbefehlen, MUL

Der Akkumulator enthält den Wert 36H. Dieser Wert soll mit dem Wert 0F2H multipliziert werden. Das 16-bit-Ergebnis steht in A (HIGH-Byte) und B (LOW-Byte).

```
MOV     B,#0F2H
MUL     AB
```

vor dem MUL-Befehl

Akkumulator	B-Register
36	F2

nach dem MUL-Befehl

Akkumulator	B-Register
33	0C

Division

DIV dividiert vorzeichenlos den Inhalt von A durch den Inhalt von B. Der ganzzahlige Quotient kommt nach A und der Rest nach B. Eine Division durch 0 ergibt undefinierte Inhalte von A und B und setzt OV, andernfalls ist OV gelöscht. CY ist gelöscht und AC bleibt unbeeinflußt.

Logikbefehle

ANL verknüpft zwei Operanden bitweise durch logisch UND (Bit- und Byte-Befehle) und legt das Ergebnis im ersten Operanden ab.

ORL verknüpft zwei Operanden bitweise durch logisch ODER (Bit- und Byte-Befehle) und legt das Ergebnis im ersten Operanden ab.

XRL verknüpft zwei Operanden bitweise durch logisch EXKLUSIV-ODER (ByteBefehle) und legt das Ergebnis im ersten Operanden ab.

CPL A komplementiert alle Bits des Akkumulators. Steht im Akkumulator vor dem Befehl 0FH, so enthält er danach den Wert F0H.

CPL komplementiert ein Bit

Für die Logikbefehle sind sechs Operandenkombinationen möglich (siehe dazu unter Adressierungsarten).

Verwendung der Logikbefehle

Wir betrachten nun noch kurz die Verwendung der Logikbefehle. Eine naheliegende Anwendung des ANL-Befehls ist die logische Verknüpfung von Sachverhalten.

Beispielsweise soll die Tür einer Waschmaschine geschlossen sein UND die Maschine Wasser enthalten, bevor die Heizung eingeschaltet wird. Die Signale für TÜRE_OFFEN und WASSER_IN liegen an den Eingängen des Mikrocontrollers. Die Heizung wird von einem Ausgang gesteuert. Es genügt nun ein ANL-Befehl, um die Eingänge zu verknüpfen und entsprechend dem Ergebnis das Ausgangssignal zu setzen oder zu löschen. Mit einem ANL-Befehl lassen sich Bits in einem Byte löschen und mit einem ODER-Befehl setzen. Die folgenden Beispiele verdeutlichen das.

Beispiel 1 zu den Logikbefehlen, AND

In diesem Beispiel ermittelt das Programm, ob mindestens einer der Eingänge 0, 2, 3, 4 und 7 des Port 1 gesetzt sind. Dazu sind folgende Befehle erforderlich:

```
MOV  A,P1  ; Akku ← Port 1
ANL  A,#10011101B
JNZ  JA    ; Sprung wenn Be-
           ; dingungen erfüllt
```

In den folgenden zwei Bildern ist die Bedingung zuerst erfüllt und dann nicht erfüllt.

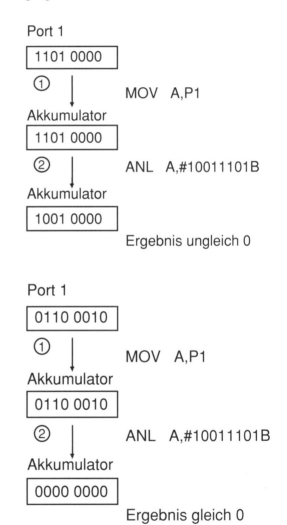

Beispiel 2 zu den Logikbefehlen, OR und ANL

In diesem Beispiel sollen die Bits 0, 1, 2 und 6 des Port 1 gesetzt und die Bits 3, 4, 5 und 7 gelöscht werden. Dies leisten die Befehle

```
ORL  P1,#01000111B; setzt Bits
ANL  P1,#01000111B; löscht Bits
```

Port 1

| 1111 0000 |

① ↓   ORL P1,0100111B

Port 1

| 1111 0111 |

② ↓   ANL A,0100111B

Port 1

| 0100 0111 |

Eine weitere Anwendung ist der Vergleich zweier Werte. Wendet man auf Bits oder Bytes einen EXKLUSIV-ODER-Befehl (XOR) an und ist das Ergebnis Null, so waren die Werte identisch.

Beispiel 3 zu den Logikbefehlen, XRL

Der XRL-Befehl (Exklusiv ODER) eignet sich zum Vergleich zweier Bytes. Im Beispiel steht das eine Byte im Akkumulator und wird mit dem Bitmuster an Port 1 verglichen.

```
MOV  A,#AAH
XRL  A,P1
JZ   A,VERGLEICH_POSITIV
```

Im nächsten Bild ist die Bedingung erfüllt und im darauf folgenden ist sie nicht erfüllt.

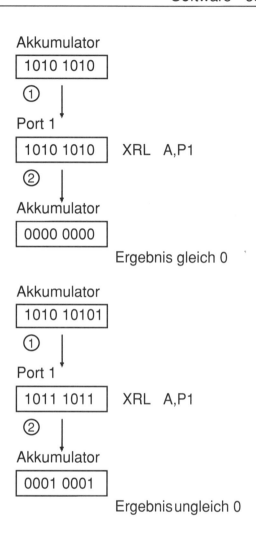

Beispiel 4 zu den Logikbefehlen, XRL

In diesem Beispiel wartet das Programm auf das Bitmuster AAH an Port 1.

```
LOOP:
     XLR  P1,#0AAH
     JNZ  A,LOOP    ; springt solange
                    ; nicht identisch
```

Setz,- Lösch- und Shift-Befehle

SETB setzt ein Bit und **CLR** löscht ein Bit oder löscht den Inhalt des Akkumulators, je nach Adreßteil des Befehls. Bitadressen sind die 16 Byte des internen RAM (Adresse 20H bis 2FH) und die Bits der bitadressierbaren Special-Function-Register.

RL, RLC, RR, RRC Diese Shift-Befehle (Rotate) verschieben den Akkumulatorinhalt nach links oder rechts im Kreis. Beim Rechts-Rotate wird das aus der niederwertigsten Stelle im Akkumulator rechts herausgeschobene Bit in das höchstwertige Akkumulatorbit links wieder hereingeschoben. Beim Links-Rotate dementsprechend in der entgegengesetzten Richtung. In beiden Rotate-Arten kann die Information auch durch das Carry Flag (zwischen höchst- und niederwertigstem Akkumulatorbit) rotiert werden.

Der Rotate-Befehl ist eine einfache und schnelle Multiplikations- bzw. Divisionsmethode mal bzw. durch zwei.

SWAP tauscht die niederwertigen vier Bits mit den höherwertigen vier Bits. Dies entspricht auch einem vierfachen Rotate.

Beispiel zu den Shiftbefehlen, RRC

Die Inhalte der zwei Bytes als ein 16-bit-Wort in den Adressen 20H und 21H sollen um 2 Bits nach rechts geschoben werden. Die linksbündigen 2 Bits in der 21H sollen 0 sein. In der folgenden Bilderreihe sind die Bitstellen mit 0 bis F bezeichnet. Es wird nur die Verschiebung um ein Bit dargestellt, da der darauf folgende Teil mit diesem identisch ist.

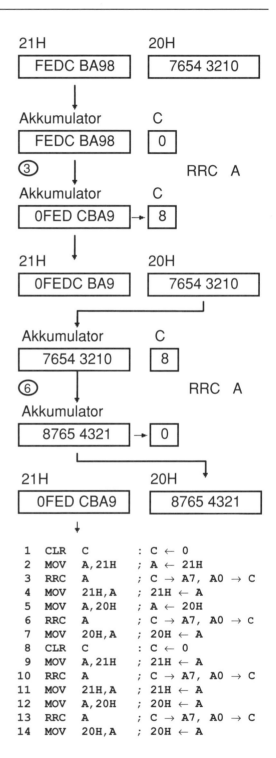

```
 1  CLR  C         : C ← 0
 2  MOV  A,21H     ; A ← 21H
 3  RRC  A         ; C → A7, A0 → C
 4  MOV  21H,A     ; 21H ← A
 5  MOV  A,20H     ; A ← 20H
 6  RRC  A         ; C → A7, A0 → C
 7  MOV  20H,A     ; 20H ← A
 8  CLR  C         : C ← 0
 9  MOV  A,21H     ; 21H ← A
10  RRC  A         ; C → A7, A0 → C
11  MOV  21H,A     ; 21H ← A
12  MOV  A,20H     ; 20H ← A
13  RRC  A         ; C → A7, A0 → C
14  MOV  20H,A     ; 20H ← A
```

Sprungbefehle

Es gibt folgende Sprungbefehlstypen:

- Unbedingte Sprünge
- Bedingte Sprünge
- Interrupts
- Rücksprünge von Unterprogrammen und von Interrupts

Alle Sprungbefehle, einige von Bedingungen abhängig, bewirken die Unterbrechung des kontinuierlichen, sequentiellen Programmablaufs, um an einer anderen Stelle fortzufahren.

Unbedingte Sprünge

AJMP, LJMP und **SJMP** sind Sprungbefehle die den Computer anweisen, mit dem Programm an einer neuen Adresse fortzufahren. AJMP und LJMP unterscheiden sich durch die Länge des Adreßteils. AJMP ist ein 2-Byte-Befehl und kann maximal 2 Kbyte weit springen. LJMP ist ein 3-Byte-Befehl und kann im 64-Kbyte-Befehlsraum zu jeder Adresse springen. Der Adreßteil dieser Befehle wird durch den Befehl unmittelbar in das Befehlsregister geladen.

Der SJMP (short jump) springt in einem Bereich von 256 byte (8-bit-Adresse) mit der maximalen Sprungweite von -128 bis +127, bezogen auf die Adresse des auf den Sprungbefehl unmittelbar folgenden Bytes. Man spricht hier von einer relativen Sprungadresse. In diesem Falle wird der Adreßteil auf den Inhalt des Befehlszählers addiert bzw. davon subtrahiert.

Diese Sprungbefehle unterscheiden sich nur durch den damit erreichbaren Adressenbereich. Die Befehle AJMP und SJMP benötigen selbst zwei Byte, der LJMP drei Byte. Da man bei Mikrocontroller-Projekten gelegentlich Speicherplatzprobleme hat, kann die Wahl der kürzeren Befehle für die Realisierung eines Projekts ausschlaggebend werden.

Beispiel 1, Sprungbefehle SJMP

In diesem Beispiel überspringt das Programm eine Tabelle, um anschließend fortzufahren.

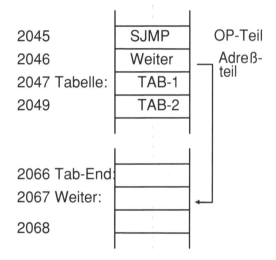

Befehlsspeicher

Kommt der Program Counter an die Adresse 2045, so entnimmt er den Inhalt der Speicherzelle 2046 und addiert ihn in den Program Counter. Damit steht er auf der Adresse 2067 und führt als nächstes den dort stehenden Befehl aus.

ACALL und **LCALL** (Unterprogrammaufruf) Befehle inkrementieren den Program Counter (PC) um 2 und legen die so ermittelte Adresse des folgenden Befehls auf dem Stack ab. Dann verzweigen sie zur Zieladresse. ACALL ist ein 2-byte-Befehl. Er wird verwendet, wenn die Zieladresse in der momentanen 2-Kbyte-Seite liegt. LCALL ist ein 3-byte-Befehl mit einer 16-bit-Adresse für den gesamten Adreßraum. Im ACALL-Adreßteil befindet sich ein unmittelbares 11-bit-Adreßfeld. Die höchstwertigen 5 Bit im PC bleiben unverändert.

Achtung: Befindet sich ein ACALL in den zwei letzten Bytes einer 2-Kbyte-Seite des Programmspeichers, springt das Programm zur nächsten Seite, weil der PC vor der Befehlsausführung inkrementiert wird und sich damit die höherwertigen fünf Bits im PC verändern. Von jedem mit CALL aufgerufenen Unterprogramm muß mit RET zurückgekehrt werden.

RET springt aus einem Unterprogramm zurück. Die Rücksprungadresse (2 byte) wird dabei über den SP aus dem Stack in den PC übernommen und der SP um 2 dekrementiert.

Wir gehen an dieser Stelle ausführlicher auf die Unterprogramm- und Interrupt-Technik sowie die Handhabung des Stack ein, da das Verständnis dieser Komponenten für den Einsatz der Mikrocontroller unbedingte Voraussetzung ist.

Unterprogramme

Es gibt drei Gründe, eine bestimmte Befehlsfolge als Unterprogramm zu organisieren:

❒ Gleiche oder ähnliche Befehlsfolgen kommen in einem Programm an mehreren Stellen vor. Das wiederholte Einfügen dieses (möglicherweise langen) Programmstücks benötigt Speicherplatz, Assemblierungszeit und es gibt lange Programmausdrucke.

❒ Selbst wenn ein Programmstück, das eine in sich abgeschlossene Teilaufgabe erledigt, nur einmal vorkommt, kann seine Organisation als Unterprogramm zweckmäßig sein, weil dies zu einem kürzeren und übersichtlicheren Hauptprogramm führt (Strukturierung).

❒ Auch die Lösungen von Standardaufgaben, die in verschiedenen Programmen erforderlich sind, stellt man als Unterprogramme zur Verfügung, beispielsweise Programmstücke zur Lösung von Arithmetikaufgaben, auf die man über eine Unterprogrammbibliothek zugreift.

Ein Unterprogramm kann von einer beliebigen Stelle des Hauptprogramms oder eines anderen Unterprogramms aufgerufen werden (verschachtelte Unterprogramme).

Der Rücksprungbefehl stellt sicher, daß das durch den Sprung unterbrochene Programm anschließend an der Aufrufstelle fortfährt. Beim Aufruf legt die Hardware die Rücksprungadresse bei jedem Unterprogrammsprung im Stack ab und holt sie dort wieder beim Rücksprung.

Auf den Stack (Stapelspeicher), der die Unterprogrammtechnik ermöglicht, gehen wir im nächsten Abschnitt ein.

Das nächste Beispiel zeigt einen Programmablauf mit einem Unterprogramm (UP). Die CALL-Befehle sind die Unterprogrammaufrufe. Mit dem RET-Befehl (Return) springt das Unterprogramm an die Adresse zurück, die auf dem CALL UP folgt, von wo aus das UP aufgerufen wurde.

Software 69

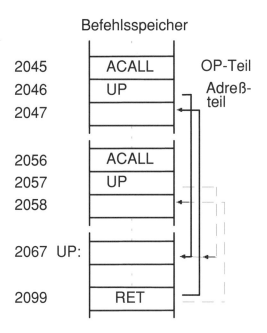

Stack im internen RAM nach dem ersten UP-Aufruf

82	47
81	20
80	

Stack Pointer

| 81 |

Stack im internen RAM nach dem zweiten UP-Aufruf

82	47
81	20
80	

Stack Pointer

| 81 |

Beispiel 2, Sprungbefehle, Unterprogramm CALL, RET

Das Unterprogramm UP wird im Hauptprogramm zuerst von der Adresse 2045 aufgerufen. Bevor das Programm zum Unterprogramm (Adresse 2067) springt, reserviert der MC die Rücksprungadresse (2047) im Stack.

Kommt das Programm zum RET-Befehl (2099), wird die Rücksprungadresse (2047) aus dem Stack in den Program Counter geladen. Das Programm fährt somit an dieser Stelle fort. Bei der Adresse 2056 wiederholt sich der eben beschriebene Ablauf. Jetzt wird die Rücksprungadresse 2058 im Stack reserviert.

Mit dieser Technik lassen sich Unterprogramme auch aus Unterprogrammen aufrufen. Der Stack wird über den Stack Pointer verwaltet. Er ist das Indexregister für den indirekten Zugriff auf den Stack. Bevor der MC ein Byte auf dem Stack ablegt, wird der Inhalt des Stack Pointers um 1 erhöht (inkrementiert). Nachdem ein Byte aus dem Stack abgeholt wurde, wird der Inhalt des Stack Pointers vom MC wieder um 1 vermindert (dekrementiert).

Beispiel 3, Sprungbefehle, verschachtelte Unterprogramme CALL, RET

Das folgende Beispiel zeigt die Verhältnisse auf dem Stack bei verschachtelten Unterprogrammaufrufen. Aus dem Hauptprogramm wird UP1 und von diesem UP2 aufgerufen.

Der Stack-Inhalt in fünf Arbeitsschritten

1. Der Aufruf von UP1 im Hauptprogramm inkrementiert den Stack Pointer zweimal und speichert dabei die Adresse des Folgebefehls (2047) im Stack ab.

70 Kapitel 3

Stack-Inhalte
Schritt 1, vor UP1-Aufruf

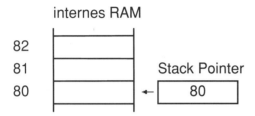

Stack-Inhalte
Schritt 2, nach UP1-Aufruf

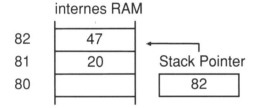

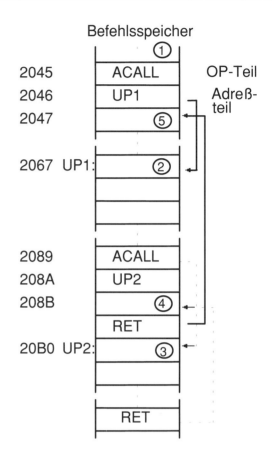

2. Der UP2-Aufruf aus dem UP1 heraus legt die Adresse (208B) in gleicher Weise im Stack ab. Es liegen jetzt beide Adressen nacheinander im Stack. Der Stack-Pointer-Inhalt steht auf 84, dem zuletzt abgelegten Byte.

3. Beim Rücksprung von UP2 entnimmt der Mikrocontroller die oberste Adresse (208B) - die Fortsetzungsadresse in UP1 - aus dem Stack und speichert sie in den Program Counter. Gleichzeitig wird der Stack Pointer zweimal dekrementiert.

4. Der UP1-Rücksprung setzt die nächste aus dem Stack entnommene Adresse (2047) in den Befehlszähler und dekrementiert den Stack Pointer nochmals zweimal. Das Programm fährt jetzt im Hauptprogramm fort.

Stack-Inhalte
Schritt 3, nach UP2-Aufruf

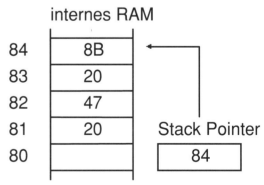

Stack-Inhalte
Schritt 4, nach UP2-Rücksprung

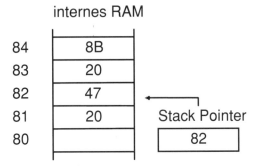

Stack-Inhalte
Schritt 5, nach UP1-Rücksprung

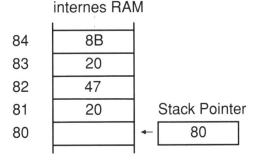

5. Der Stack Pointer enthält wieder die Adresse 80. Im Stack selbst stehen noch die Rücksprungadressen, die jetzt nicht mehr gebraucht werden. Sie werden bei weiteren Stack-Operationen überschrieben.

Stack-Operationen

Zum Stack noch ein paar zusammenfassende Bemerkungen: Der Stack liegt im integrierten RAM. Er kann durch Laden des Stack Pointers an eine beliebige Stelle gelegt werden.

Die Daseinsberechtigung des Stacks liegt in der Automatisierung der Unterprogramm- und Interrupt-Technik. Gleiches wie für die Unterprogramme gilt auch für die Interrupts. Ein Interrupt unterbricht das gerade laufende Programm durch die Hardware, nachdem der gerade laufende Befehl abgearbeitet wurde. Er legt die nächste Programmadresse auf dem Stack ab und lädt den Program Counter mit der für den jeweiligen Interrupt vorgesehenen Adresse. Dort fährt das Programm fort. Nach dem Befehl RETI (Return from Interrupt) wird die im Stack gespeicherte Rücksprungadresse wieder in den Program Counter geladen, wodurch das Programm an dieser Stelle weiterarbeitet. Der Stack Pointer (SP) erlaubt den indirekten Zugriff auf den Stack.

Er ist ein 8-bit-Register und er wird automatisch inkrementiert, bevor Daten im Stack abgelegt werden (bei den CALL-Befehlen), und dekrementiert, nachdem Daten von ihm geholt wurden (bei den RET- und RETI-Befehlen). Nach dem Reset ist der Inhalt des SP 07H. Der erste im Stack abgelegte Wert liegt dann in 08H. In den MC der 8051-Familie empfiehlt es sich, den Stack in der Initialisierungsroutine am Programmanfang auf 30H oder darüber zu legen, weil dann die Registerbänke 1 bis 3 und der bitprogrammierbare Speicher (von 20 bis 30H) für das Programm verfügbar sind.

Die Stack-Befehle PUSH und POP ermöglichen es, ein oder mehrere Bytes kurzfristig im Stack zwischenzuspeichern, ohne daß man sich um die Adresse im RAM kümmern muß, da der SP den Zugriff steuert. Es handelt sich auch hier um ein Speicherverfahren, bei dem der zuletzt eingespeicherte Wert zuerst zurückgeholt wird. Aus dem Stack wird also in umgekehrter Reihenfolge ausgelesen als hineingeschrieben wurde (Last In First Out). Siehe dazu auch die Beschreibung der POP- und PUSH-Befehle.

Davon abgesehen ist der Stack gut geeignet, am Anfang eines Interrupt- oder Unterprogramms die Inhalte wichtiger Register zu retten und sie vor dem Rücksprung wieder zu restaurieren, damit das Hauptprogramm danach wieder unter den gleichen Bedingungen arbeiten kann wie vor der Unterbrechung. Letztlich wird der Stack auch oft zur Parameterübergabe zwischen Unter- und Hauptprogramm verwendet. Das folgende Beispiel zeigt den Anfang und das Ende einer Interrupt-Service-Routine. Die wichtigsten Register werden im Stack gerettet.

RETI springt aus einer Interrupt-Service-Routine zurück. Die Rücksprungadresse (2 Byte) wird dabei über den SP aus dem Stack in den PC übernommen und der SP um 2 dekrementiert. Der Befehl gibt die aktuelle Prioritätsebene des Interrupts wieder frei.

Beispiel zur Stack-Technik

Dieses Beispiel tauscht einen Byte-Parameter zwischen Haupt- und Unterprogramm aus. Der PUSCH-Befehl legt den Inhalt von Port 1 im Stack ab. Im anschließend aufgerufenen Unterprogramm wird die aktuelle Stack-Adresse aus dem Stack Pointer im Register 0 um zwei vermindert. Jetzt kann der Inhalt des Akkumulators mit dem im Stack gespeicherten Wert ausgetauscht werden. Nach der Rückkehr vom Unterprogramm kann (muß) das Hauptprogramm mit POP den ausgetauschten Wert vom Stack holen.

Das in Klammern gesetzte 'muß' bedeutet daß die Stack-Buchhaltung immer ausgeglichen sein muß. Zu jedem CALL oder Interrupt gehört ein RET bzw. RETI und zu jedem PUSCH ein POP, da jeweils zum Inkrementieren wieder dekrementiert werden muß. Stimmt die Stack-Buchhaltung nicht, findet beispielsweise ein Unterprogrammrücksprung seine Rücksprungadresse nicht mehr und das Programm verläuft sich.

```
    PUSH    P1      ; von Port 1 nach
                    ; Stack
    CALL    UP
    POP     P4      ; von Stack nach
                    ; Port 4
UP:
    MOV     R0,SP;  (A) ← (SP)
    DEC     R0      ; Stack-Adr -1
    DEC     R0      ; Stack-Adr -1
    XCH     A,@R0;  (A) ↔ ((R0))
    RET
```

Interrupts

An dieser Stelle gehen wir auf die Funktion und Arbeitsweise der Interrupts ein. Interrupts sind durch externe Ereignisse (Flanken- oder Peleländerung an einem Portpin) oder interne Ereignisse (Zähler-Überlauf, Ende der A/D-Wandlung usw.) ausgelöste Sprünge. Dabei ist für jede Interrupt-Quelle (beim 80515 gibt es 12) eine besondere Adresse (Vektor) am Anfang des Befehlsspeichers vorgesehen. Von dort aus kann das Programm mit einem Sprungbefehl zur jeweiligen Interrupt-Service- Routine gelangen, um dort das entsprechende Programmstück zu durchlaufen. Anschließend führt der Befehl RETI (Return from Interrupt) an die Stelle zurück, wo das Programm durch den Interrupt unterbrochen wurde.

Das Zwischenspeichern der Interrupt-Rücksprungadressen geschieht in der gleichen Weise über den Stack wie bei den Unterprogrammtechnik.

Da bei der 8051-Mikrocontroller-Familie mehrere Interrupt-Prioritäten einstellbar sind (beim 8051 zwei, beim 80515 vier), sind Interrupt verschachtelbar.

Sprungbefehle

JMP @A+DPTR springt relativ zur Adresse im DPTR. Der Operand A dient als Index (0 bis 255). Vor der Befehlsausführung errechnet sich die Zieladresse durch die Summe der Inhalte von A und DPTR. Das Ziel kann überall im Programmspeicher liegen. Eine häufige Anwendung dieses Befehls ist die Verzweigung in eine Sprungtabelle. Dabei ist ein Byte beispielsweise ein Kommando. Je nach dem Wert des Bytes wird ein besonderes Programmstück angesprungen.

Beispiel 4, Sprungbefehle
JMP @A+DPTR

In diesem Beispiel besteht die Sprungtabelle aus acht AJMP-Befehlen. Da jeder AJMP zwei Byte lang ist, muß das Kommando-Byte mit zwei multipliziert werden. Dieses Byte steht im Akkumulator.

```
        ANL     A,#07H          ; > 7 ausblenden
        RL      A               ; (A) ← (A) * 2
        MOV     DPTR,#JMP_TABELLE
                                ; (DPTR) ←
                                ; Tab-Adr.
        JMP     @+DPTR          ; modifizierter
                                ; Sprung
JMP_TABELLE:
        AJMP    PROG_0          ; → Programm 0
        AJMP    PROG_1
        AJMP    PROG_2
        AJMP    PROG_3
        AJMP    PROG_4
        AJMP    PROG_5
        AJMP    PROG_6
        AJMP    PROG_7
```

Bedingte Sprungbefehle

Die Ausführung dieser Sprungbefehle ist von Bedingungen abhängig. Die Sprungweite und damit die Zieladresse liegt immer im Bereich von 256 byte. Die maximale Sprungweite reicht von -128 bis +127 byte, bezogen auf die Adresse des auf den Sprungbefehl unmittelbar folgenden Bytes. Diese Befehle sind besonders für die Schleifentechnik wichtig.

JZ	Sprung, wenn A gleich 0 ist
JNZ	Sprung, wenn A ungleich 0 ist
JC	Sprung, wenn C (Carry) gleich 0 ist
JNC	Sprung, wenn C ungleich 0 ist
JB	Sprung, wenn das adressierte Bit 1 ist
JNB	Sprung, wenn das adressierte Bit 0 ist
JBC	Sprung, wenn das adressierte Bit 1 ist; das Bit wird gelöscht.

Beispiel 1, bedingte Sprünge
JNZ

Es ist zu prüfen, ob die Bits 2, 4 und 6 im Akkumulator gelöscht sind.

```
        ANL     A,#01010100B
        JNZ     A,FEHLER
```

Beispiel 2, bedingte Sprünge
JZ, JNC

Der Inhalt des Akkumulators soll so weit nach links geschoben werden, bis das linke Bit im Carry Flag steht. Da dazu der Akkumulatorinhalt ungleich 0 sein muß, wird dies vorher mit JZ abgefragt

```
        JZ      A,FEHLER
LOOP:
        RLC     A
        JNC     LOOP
```

Beispiel 3, bedingte Sprünge
JC

Es werden die Bits C mit 0 im Akkumulator durch den ANL-Befehl verknüpft. Ist die Bedingung nicht erfüllt, folgt eine Fehlermeldung.

```
ANL    C,A.0
JNC    FEHLER
```

Beispiel 4, bedingte Sprünge
JNB

In diesem Beispiel wird Eingang 0 an Port 1 (P1.0) so lange abgefragt, bis der Pegel auf LOW geht.

```
JNB    P1.0,$
```

Das Dollar-Zeichen im Adreßteil bedeutet die eigene Adresse. Der Assembler setzt in diesem Fall die Adresse des JNB-Befehls ein.

CJNE (Vergleiche und springe, wenn nicht gleich) vergleicht den ersten Operanden mit dem zweiten Operanden und springt, wenn sie nicht gleich sind. CY wird gesetzt, wenn der erste Operand kleiner als der zweite Operand ist; andernfalls wird es gelöscht. Vergleiche sind zwischen A und direkt adressierbaren Bytes im Datenspeicher oder zwischen Konstanten und entweder A, einem Register in der selektierten Registerbank oder indirekt adressierbaren Bytes im Datenspeicher möglich.

Beispiel 5, bedingte Sprünge
CJNE

Dieser Befehl vergleicht den Inhalt des Akkumulators einer Konstanten, mit dem Inhalt eines Registers oder mit dem Inhalt einer indirekt adressierten Speicherzelle. Auch kann er den Inhalt einer indirekt adressierten Speicherzelle mit einer Konstanten vergleichen. Das Carry Flag wird gesetzt, wenn das Quellenbyte größer als das Zielbyte war. Eine häufige Anwendung dieses Befehls ist die Dekodierung von Bytes. Die folgenden Befehle stehen in einer Interrupt-Service-Routine und prüfen das in ZEICHEN stehende Byte, um auf den jeweiligen Programmteil zu verzweigen.

```
INTERRUP_1:
    CJNE   Zeichen,#7F,INT_05
    . . . . .
    RETI
INT_05:
    CJNE   Zeichen,#63,INT_10
    . . . . .
    RETI
INT_10:
    CJNE   Zeichen,#61,INT_15
    . . . . .
```

DJNZ (Dekrementiere und springe, wenn nicht 0). Dieser Befehl dekrementiert den Inhalt des Quellenoperanden und legt das Ergebnis in den Quellenoperanden zurück. Es wird dann gesprungen, wenn das Ergebnis nicht 0 war.

Beispiel 6 zu den bedingten Sprüngen
DJNZ

Dieser Befehl eignet sich besonders zur Realisierung von Zählschleifen. Die folgenden Befehle erzeugen einen negativen Ausgangsimpuls von 99 µs am Bit IMPULS. Vorausgesetzt ist eine Oszillatorfrequenz von 12 MHz.

```
CLR    IMPULS
MOV    R2,#49
DJNZ   R2,$
SETB   IMPULS
```

Adressierungsarten

Unter Adressierungsarten versteht man die verschiedenen Möglichkeiten eines Befehls, auf eine Speicherzelle zuzugreifen. Die Zahl der Adressierungsarten ist vom Befehlstyp abhängig. Wir bringen zu jeder Adressierungsart ein Beispiel mit dem MOV-Befehl. Es gibt die Adressierungsarten:

- Register
- Direkt
- Indirekt
- Unmittelbar (Immediate)
- Indirekt, indiziert durch Basisregister plus Indexregister

Die Adressierungsarten sind sehr stark durch die Speicherarchitektur bestimmt und wenig orthogonal.

Adressierungsarten des MOV-Befehls

Zur Übersicht listen wir die Adressierungsarten auf und erklären sie anschließend an Beispielen.

1	MOV	A,direct	A ← RAM
2	MOV	direct,A	RAM ← A
3	MOV	A,Rn	A ← Reg
4	MOV	Rn,A	Reg ← A
5	MOV	A,@Ri	A ← R0,1
6	MOV	@Ri,A	R0,1 ← A
7	MOV	direct,@Ri	RAM ← R0,1
8	MOV	@Ri,direct	R0,1 ← RAM
9	MOV	direct,Rn	RAM ← Reg
10	MOV	Rn, direct	Reg ← RAM
11	MOV	A,#data	A ← Konst
12	MOV	direct,#data	RAM ← Konst
13	MOV	Rn,#data	Reg ← Konst
14	MOV	Ri,#data	R0,1← Konst
15	MOV	direct,direct	RAM ← RAM

Erklärung der Abkürzungen:

A = Akkumulator: Der Akkumulator ist das rechenfähige Register. Sieben der 15 MOV-Befehle beziehen sich auf den Akkumulator.

direct = Adresse im internen RAM: Das direkt adressierbare RAM in allen MC der 8051-Mikrocontroller-Familie ist 128 byte groß (von 0 bis 7FH). Daran schließt sich der ebenfalls direkt adressierbare, gleich große Bereich der Special-Function-Register (SFR) an.

Rn = eines der acht Register der aktuellen Registerbank: Die ersten 32 Speicherzellen des internen RAM gliedern sich in vier Registerbänke zu je acht Registern. Davon immer eine aktiv. Bit 3 und 4 im PSW-Register selektieren die aktuelle Registerbank.

@Ri = indirekte Adressierung über R0 oder R1: Register R0 und R1 der aktuellen Registerbank erlauben die indirekte Adressierung.

#data = 8-bit-Konstante: Konstanten können Zahlenwerte, Zeichen oder Adressen sein.

Registeradressierung

Sie bezieht sich auf R0 bis R7 der aktuellen Registerbank, A, B, und DPTR. Das bedeutet, daß die Registerbezeichnung als Adresse möglich ist.

76 Kapitel 3

Beispiel 1 zu den Adressierungsarten, Register

Nach der Ausführung des Befehls

    MOV   A,R3

steht der Inhalt von R3 im Akkumulator

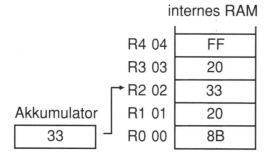

Mögliche Befehle zur Registeradressierung sind:

    MOV   A,R5   ; (A)   ← (R5)
    MOV   R5,A   ; (R5) ← (A)
    MOV   B,A   ; (B)   ← (A)
    MOV   A,B   ; (A)   ← (B)
    MOV   A,DPL ; (A)   ← (DPL)
    MOV   DPH,A ; (DPH) ← (A)
    MOV   A,DPL ; (A)   ← (DPL)

Direkte Adressierung

Die direkte Adressierung bezieht sich auf die unteren 128 byte des internen RAM und die Special-Function-Register (SFR). Die SFR sind nur direkt zu adressieren.

Beispiel 2 zu den Adressierungsarten, Register

Nach der Ausführung des Befehls

    MOV   R2,A

steht der Inhalt des Akkumulators auch in R2.

Beispiel 3 zu den Adressierungsarten, Direkte Adressierung

Nach der Ausführung des Befehls

    MOV   RAM_1,RAM_2

steht der Inhalt der Speicherzelle RAM_1 auch in der Speicherzelle RAM_2.

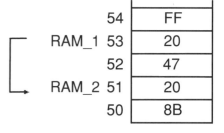

Mögliche Befehle sind:

```
MOV    A,20H      ; (A)   ← (20H)
MOV    R3,M15     ; (R3)  ← (M15)
MOV    PSW,A      ; (PSW) ← (A)
MOV    33H,R0     ; (33H) ← (R0)
MOV    ZW1,ZW2    ; (ZW1) → (ZW2)
MOV    DPH,@R1    ; (DPH) ← (A)
MOV    A,#77H     ; (A)   ← 77H
MOV    @R1,A      ; ((R1))← (A)
MOV    33H,R0     ; (33H) ← (R0)
MOV    ZW1,ZW2    ; (ZW1) ← (ZW2)
```

Der Befehl

```
MOV    R3,R2      ; (R3)  → (R2)
```

ist in dieser Form nicht möglich. Er funktioniert jedoch, wenn man statt der Registernamen die absoluten Registeradressen einsetzt.

Indirekte Adressierung

Damit das interne RAM (@R0, @R1) und der externe Datenspeicher (@R0, @R1, @DPTR) adressiert. Die indirekte Adressierung benutzt den Inhalt von R0 oder R1 (in der aktuellen Registerbank) als 8-bit-Zeiger zum internen RAM (128 byte für den 8051, 256 byte für den 8052 und 80515) oder zum externen Datenspeicher. Auf die Special-Function-Register kann mit dieser Adressierungsart nicht zugegriffen werden. Mittels des DPTR ist der Zugriff auf den gesamten externen Datenspeicherbereich (64 Kbyte) möglich. Die Befehle PUSH und POP benutzen ebenfalls die registerindirekte Adressierung mittels des Stack Pointers (SP). Der Stack kann an beliebiger Stelle im internen RAM liegen. Nach dem RESET enthält der Stack Pointer die Adresse 07H.

Beispiel 4 zu den Adressierungsarten, Indirekte Adressierung

Nach der Ausführung des Befehls

```
MOV    A,@R0
```

steht im Akkumulator der Inhalt der Speicherzelle, deren Adresse in R0 steht.

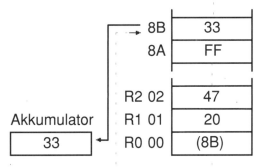

Beispiel 5 zu den Adressierungsarten, Indirekte Adressierung

Nach der Ausführung des Befehls

```
MOV    50H,@R1
```

steht in der Speicherzelle 50 der Inhalt der Speicherzelle, deren Adresse in R1 steht.

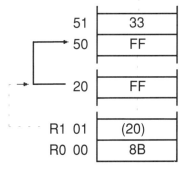

78 Kapitel 3

Beispiel 6 zu den Adressierungsarten, Indirekte Adressierung

Nach der Ausführung des Befehls

```
MOV    @R0,A
```

steht der Inhalt von A in der Speicherzelle, deren Adresse in R0.

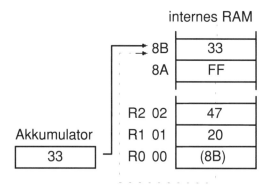

Beispiel 7 zu den Adressierungsarten, Indirekte Adressierung

Nach der Ausführung des Befehls

```
MOVX   @DPTR,A
```

steht der Inhalt von A in der Speicherzelle, deren 16-bit-Adresse im DPTR steht.

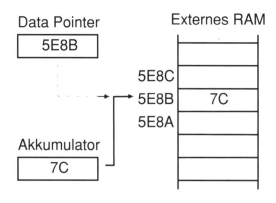

Mögliche Befehle sind:

```
MOV    A,@R1      ; (A)    ← ((R1))
MOV    50H,@R0    ; (50H)  ← ((R0))
MOV    @R0,A      ; ((R0)) ← (A)
MOV    @R1,#99H   ; ((R1)) ← 99H
MOV    @R0,C5     ; ((R0)) ← (C5)
```

Mit dieser Methode sich auch der Akkumulator ansprechen. Dafür gibt es zusätzlich Befehle. mit identischer Funktion. Diese sind jedoch nur ein statt zwei Byte lang.

Unmittelbare/immediate Adressierung

Diese Adressierungsart bezieht sich auf Konstanten, die Teil eines Befehls sind (aus dem Programmspeicher). Die Konstante wird in ein angegebenes Ziel kopiert bzw. mit ihrem Wert verknüpft, d. h. der Operand befindet sich gleich auf der Adresse, die dem Operationsteil des Befehls folgt. Die Konstante kann Zahlenwert, Adresse, Maske, Symbol oder Zeichen sein. Dies wird nur durch die Interpretation des Programms bestimmt!

Beispiel 8 zu den Adressierungsarten, Unmittelbare Adressierung

Nach der Ausführung des Befehls

```
MOV    A,#FAH
```

steht der Wert FAH im Akkumulator.

Beispiel 9 zu den Adressierungsarten, Unmittelbare Adressierung

Nach der Ausführung des Befehls

```
MOV    DPTR,#32E3H
```

steht der 16-bit-Wert 32E3 im Data Pointer (DPTR).

Mögliche Befehle sind:

```
MOV    A,#99H      ; (A) ← #99H
MOV    R5,#DA      ; (50H) ← #DA
MOV    PSW,#18H    ; (PSW) ← #18H
MOV    @R1,#99H    ; ((R1)) ← 99H
```

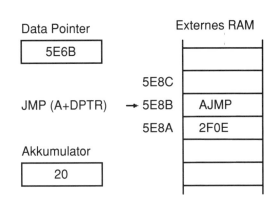

Indirekte Adressierung, indiziert durch Basisregister plus Indexregister

Sie bezieht sich auf den Programmspeicher (@A + DPTR, @A + PC). Diese Adressierungsart erleichtert beispielsweise die Verzweigung in Sprungtabellen bzw. den Zugriff auf Tabellen im Programmspeicher.

Beispiel 10 zu den Adressierungsarten, @A + DPTR

In diesem Beispiel wird die Sprungweite entsprechend dem Wert im Akkumulator modifiziert. Der Sprung geht in eine Tabelle mit Sprungbefehlen.

Nach der Ausführung der Befehle

```
    MOV     DPTR,JMP_TABELLE
    JMP     @A+DPTR
JMP_TABELLE:
    AJMP    TEST_1
    AJMP    TEST_2
    AJMP    TEST_3
    . . . .
```

springt das Programm an die Stelle der Tabelle, die sich aus dem Wert im Akkumulator + dem Inhalt des DPTR ergab. Der Wert im Akkumulator muß geradzahlig sein.

Beispiel 11 zu den Adressierungsarten, @A + PC

In diesem Beispiel zeigt die Parameterübergabe beim Rücksprung aus einem Unterprogramm. Im Akkumulator befindet sich ein Wert zwischen 0 und 3. Die folgenden Befehle bringen eine von vier Konstanten in den Akkumulator. Diese Konstanten sind im Programm definiert.

Nach der Ausführung der Befehle

```
REL_PC:
    INC     A
    MOVC    A,@A+PC
    RET
    DB      66H
    DB      77H
    DB      88H
    DB      99H
```

übergibt das Unterprogramm entsprechend dem Akku-Inhalt 1 bis 4 einen der Werte 66, 77, 88 oder 99 im Akku dem Hauptprogramm.

Der INC-Befehl ist erforderlich, um die Adresse des RET zu überbrücken. Falls beim Rücksprung im Unterprogramm eine 1 im Akkumulator steht, wird 77 in den Akkumulator gebracht und so dem Hauptprogramm übergeben.

Die DB (Define Byte) Anweisung weist den Assembler an, die entsprechenden Bytes im Programm einzusetzen.

3.4 Grundlagen der Programmierpraxis

In diesem Abschnitt gehen wir scheinbar um einen Schritt zurück, um die Grundlagen der Programmierung zu vertiefen und dabei mit einigen grundlegenden Regeln verknüpfen.

Programme schreibt man sinnvollerweise mit dem Textverarbeitungsprogramm, das man beherrscht. Es ist darauf zu achten, daß dabei ein ASCII-File mit Extenstion .ASM entsteht bzw. den Erweiterungszeichen, die Ihr Assembler verlangt. Das File darf keine Formatzeichen bzw. Druckersteuerzeichen außer FF, LF und CR enthalten! Zweckmäßigerweise zerlegt man größere Programme in einzelne Module entsprechend der Problemlösung, die man ebenfalls in Teilprobleme zerlegt, um sie einzeln zu lösen. Ein Beispiel zu einem häufig vorkommenden Schema ist:

- INITIALISIEREN
- EINGABE
- VERARBEITUNG
- AUSGABE

Das Modul EINGABE kann beispielsweise wieder in die Teilmodule

- INTERRUPT_INITIALISIEREN_UND_FREIGEBEN
- EINGABE_PLAUSIBILITÄTS_PRÜFUNG
- EINGABE_AUSWERTUNG

zerlegt werden. Solche Module lassen sich leichter und somit schneller definieren, programmieren, testen und ändern. Außerdem sind solche Module oft in mehreren Programmen verwendbar. Beispiele dafür sind Programmbibliotheken für arithmetische Aufgaben.

Für alle Phasen der Software-Entwicklung bringt eine klare, übersichtliche und leicht verständliche Struktur des Programms Vorteile. Deshalb empfiehlt sich für Detailentwurf und Codierung ein Vorgehen nach den Prinzipien der 'Strukturierten Programmierung'. In der 'Strukturierten Programmierung' beschränkt man sich bei der Realisierung des Programms bewußt auf wenige logische Grundstrukturen.

Die Ideen dazu entstanden Anfang der 70er Jahre als Antwort auf Probleme mit kaum test- und wartbaren, unübersichtlichen 'Spaghettiprogrammen'. Kritische Punkte dabei waren Sprungbefehle (GOTO), wenn sie nicht durch die Logik der Problemlösung erzwungen wurden. Die 'Strukturierte Programmierung' versucht möglichst ohne diese logisch nicht relevanten Sprungbefehle auszukommen. Geht man davon aus, daß Computer (Mikrocontroller) Daten verarbeiten und Programme die Art der Verarbeitung steuern, so sollte die Programmstruktur immer ein klares logisches Abbild dieser Steuerfunktionen sein. Diese Steuerfunktionen lassen sich mit folgenden Grundstrukturen darstellen:

- **Elementarer Block** (Strukturblock): dies ist eine einzelne oder es sind mehrere Anweisungen.
- **Sequenz:** eine Folge von Anweisungen bzw. Strukturblöcken, die nacheinander auszuführen sind.
- **Auswahl** entweder als Bedingungs- oder Fallunterscheidung.

☐ **Wiederholung** mit der wiederholten Ausführung einer Anweisung (bzw. eines Strukturblocks) bis eine Anfangs- oder Endbedingung erfüllt ist.

Strukturblöcke haben folgende Eigenschaften:

☐ Strukturblöcke haben einen Eingang und einen Ausgang. Das Programm läuft immer von oben nach unten ab.

Blöcke

PAP

Block A
Block B
Block C
⋮
Block n

Struktogramm

Block A
Block B
Block C

Block n

Sequenzen

☐ Strukturblöcke sind in sich abgeschlossen. Ein anderer Strukturblock ist entweder vollständig in einem Block enthalten oder befindet sich außerhalb eines Blocks.

Dies gewährleistet eine durchgehende, hierarchische Aufteilung der Ablaufstruktur des Programms in abgeschlossenen Funktionseinheiten (Module). Im Detailentwurf können Sie als graphische Hilfsmittel Struktogramme oder Flußdiagramme einsetzen. Die auf diesen Seiten dargestellten Bilder zeigen die verschiedenen Strukturelemente zusammen mit den jeweiligen in Flußdiagrammen verwendeten Symbolen.

Verzweigung

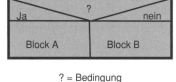

? = Bedingung

Verzweigungen

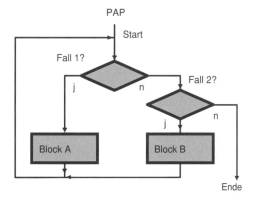

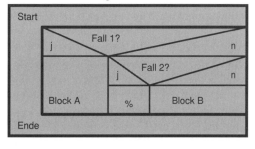

Verzweigungen

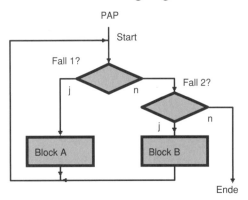

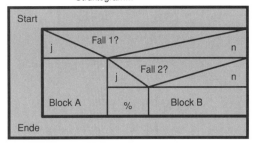

Fallabfragen

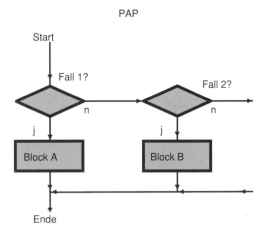

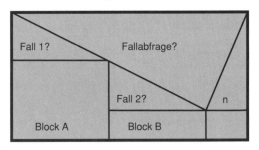

Wie Sie bemerkt haben, ziehen wir für die Darstellungen kleinerer Assemblerprogramme Flußdiagramme bzw. PAP (Programmablaufpläne) vor. Besonders, weil die Art der Anordnung unter Umständen zusätzliche Aussagemöglichkeiten bietet. In der Literatur finden Sie beide Darstellungsarten.

Während höhere Programmiersprachen 'Strukturiertes Programmieren' durch ihre Sprachkonstrukte erzwingen, muß bei der Assembler-Programmierung an die Disziplin der Programmierer appelliert werden. In der Assembler-Programmierung wird, um Forderungen an Zeit- oder Speicherplatzbedingungen manchmal überhaupt erfüllen zu können, gelegentlich von den strengen Forderungen nach einem gut strukturierten Programm abgewichen, da dadurch im Extremfall erst ökonomische Lösungen erzielbar sein mögen.

Dies kommt jedoch selten vor. Gegebenenfalls sind diese Programmstellen besonders gut zu dokumentieren.

Bei der Entwicklung Ihres eigenen Programmierstils sollten Sie bedenken, daß extreme Speicherplatz- oder Zeitoptimierung oft zu schwer verständlichen Programmen führt. Diese sind dann auch schwerer zu testen und zu warten. Solche Dinge sollten die Ausnahmen bleiben und nur erlaubt sein, wenn der Projekterfolg davon abhängt. Also im Normalfall besser ein paar Befehle mehr und dafür ein leicht lesbares Programm.

Schleifen

Schleifen dienen zur wiederholten Ausführung eines Programmstücks. Man unterscheidet zwischen Zähl- und Bedingungsschleifen. Bei Zählschleifen ist die Zahl der Schleifendurchläufe zu Beginn bekannt, bei den Bedingungsschleifen nicht. Eine Schleife baut sich normalerweise aus vier Komponenten auf:

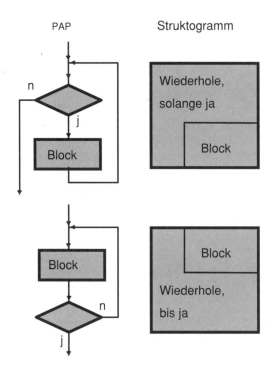

Schleifen

- ☐ Initialisierung
- ☐ Bearbeitung (Schleifenrumpf)
- ☐ Verändern (Schleifenkriterium)
- ☐ Endtest

Falls die Zahl der Durchläufe auch Null sein kann, muß der Endtest bereits vor der ersten Bearbeitung ausgeführt werden.

Bei **Zählschleifen** gibt es Vorwärts- und Rückwärtszählung. Da die Rückwärtszählung technisch leichter zu realisieren ist als die Vorwärtszählung wird diese normalerweise bevorzugt. Es gibt dazu den Befehl DJNZ. Dieser zählt um eins herunter (dekrementiert) und fragt anschließend auf Null ab. Solange Null nicht erreicht ist, verläßt er die Schleife nicht.

Bei **Verzögerungsschleifen** entfällt die Komponente Verarbeiten ganz. Sind größere Zeiten zu verzögern, kann die Verzögerungsschleife dadurch gedehnt werden, daß man in sie weitere Verzögerungsschleifen einbaut.

Zählschleifen mit Indizierung bieten sich für die gleichartige Behandlung zusammenhängender Speicherbereiche an, damit beispielsweise ein Speicherbereich gelöscht, transportiert, sortiert oder durchsucht werden kann.

Bei **Bedingungsschleifen** ist die Zahl der Schleifendurchläufe von vornherein nicht bekannt. Sie wird durch die zu verarbeitenden Daten bestimmt. Alle bedingten Sprungbefehle springen um einen relativen Betrag (-128 bis +127) bezogen auf den aktuellen Befehlszählerwert.

Als Abbruchkriterium in Schleifen sind alle bedingten Sprungbefehle verwendbar.

3.5 Assembler

Ohne Hilfe des Computers wäre ein Computer fast nicht zu programmieren. Das wichtigste Hilfsmittel für den Assemblerprogrammierer ist ein Assembler-Programmpaket.

Assembler bezeichnet ein Programmpaket, das im Quellcode (Mnemocode = sinnverwandte Befehlsnamen) geschriebene Programme in den Maschinencode übersetzt. Der Assembler vereinfacht die Programmierarbeit und hat im wesentlichen folgende Vorteile:

- ❏ Die Befehle werden in einer leicht merkbaren Form geschrieben und vom Assembler übersetzt, beispielsweise MUL für Multiplikation usw.

- ❏ Adressen im Programm, im Datenspeicher oder Controller und Werte können symbolisch vereinbart werden und sind über diese Symbole ansprechbar.

- ❏ Mehrere Programmodule können zu einem Programm zusammengebunden werden.

Ein Assembler-Programmpaket enthält den Assembler, Linker und Konvertierungsprogramme.

- ❏ Der **Assembler** erzeugt aus der Textdatei mit dem Quellencode mit symbolischen Befehlen (.ASM) eine relokatible Objektcodedatei (.OBJ) und eine Programmliste (.LST).

- ❏ Der **Linker** bindet zwei oder mehr relokatible Objektdateien zusammen und gibt als Ergebnis eine absolutadressierte Datei (.ABS) mit absoluter Adressenzuordnung aus.

- ❏ Ein **Konvertierungsprogramm** erzeugt aus der ABS-Datei eine HEX-Datei z. B. in Intel-Hex-Notation. Diese enthält keine symbolischen Adressen, sondern nur noch die absoluten Adressen und den Programmcode. Diese Datei kann in EPROM-Programmiergeräte, Debugger oder Emulatoren eingelesen werden. Für Testzwecke liefert der Assembler die symbolischen Adressen in der OBJ oder MAP-Datei (M51) mit.

Leistungen des Assemblers

Umwandlung des Quellcodes in die interne Befehlsform

Die mnemonische Darstellung, beispielsweise MUL für Multiplikation, SUBB für Subtraktion, DIV für Division usw., wird in die interne (binäre) Form übersetzt.

Ein 8051-Assembler assembliert für den 8051/31, 8052/32, 80515/535 und 80517/537 geschriebene Programme. Das gilt auch für alle anderen Controller der 8051-Mikrocontroller-Familie, soweit sie mit dem 8051-Befehlssatz arbeiten. Der Befehlssatz dieser Controller ist identisch. Die unterschiedlichen Eigenschaften der verschiedenen Controllertypen, z. B. weitere Timer, Ports, serielle Schnittstellen, Interrupts und A/D-Wandler, werden über den Inhalt zusätzlicher Special-Function-Register gesteuert.

Das Assemblerprogramm besteht aus drei Teilen:

- ❏ Controller-Maschinenbefehle
- ❏ Assembler-Direktiven
- ❏ Assembler-Steuerdirektiven

Ein Maschinenbefehl kann vom Controller unmittelbar ausgeführt werden. Assemblerdirektiven definieren die Programmstruktur und die verwendeten Symbole. Sie generieren keinen ausführbaren Maschinencode. Assembler-Steuerdirektiven setzen die Assembler-Betriebsart und steuern die Assemblierung.

Software

☐ **Syntaxprüfung**

Es wird auf richtige Syntax geprüft; d. h. ob Trennzeichenvorschriften eingehalten, symbolische Adressen den Konventionen entsprechen, Befehlsnamen und Assembler-Direktiven richtig geschrieben sind usw.

☐ **Umwandlung der symbolischen auf absolute Adressen**

Dazu sind zwei Programmdurchläufe erforderlich. Diese laufen automatisch nacheinander ab. Im ersten Durchgang (Pass 1) erstellt der Assembler eine Liste der symbolischen Namen mit der Listenposition (Adresse). Im zweiten optionalen Durchlauf (Pass 2) ersetzt das Programm die symbolischen Adressen in den Adreßteilen der Befehle. In einem weiteren Durchlauf (Pass 3) kann eine Referenzliste erstellt werden. Sie listet für jeden symbolischen Namen die zulässigen Adressen auf.

Leistungen des Linkers

Oft, wenn auch nicht immer, setzt sich das endgültige Programm aus mehreren Modulen zusammen, beispielsweise, weil Programmteile von verschiedenen Programmierern geschrieben wurden oder weil im aktuellen Programm auf Bibliotheksprogramme zugegriffen wird. Deshalb sind Assemblerprogramme oft nicht auf einen absoluten Speicherbereich bezogen (sondern relokatibel). Erst der Linker legt die absolute Adressenzuordnung fest.

Leistung des Konvertierers

Konvertierungsprogramme wandeln ABS-Dateien in HEX-Dateien. Die verschiedensten Systeme, wie Emulatoren, Simulatoren, EPROM-Programmierer oder PC-ADDIN-KARTEN, können HEX-Dateien unmittelbar lesen und ausführen bzw. verarbeiten.

3.6 Programmbeispiele

Es folgen zum Schluß dieses Kapitels zwei assemblierte Programmbeispiele. Sie sehen, daß die am Kapitelanfang verwendete Kurzform der Programmbeispiele der Programmform, wie sie der Assembler versteht, schon sehr nahe kommt.

Das erste Beispiel ist ein mit dem 80C515 realisiertes Uhrprogramm, das zweite realisiert eine 16-bit-Division. Zum Verständnis der einzelnen Befehle, der Anwendung der Befehle und der Assemblerprogrammierung verweisen wir auf das Buch "MC-Tools 2" aus dem gleichen Verlag.

Die folgenden Programmlistings bedürfen der Kommentierung: Es handelt sich dabei um die Ausdrucke der vom Assembler erzeugten LIST-Files. Diese stellen den vom Programmierer geschriebenen Quellen-Code dem erzeugten Maschinen-Code gegenüber. In der linken Spalte stehen die Adressen des jeweiligen Befehls im Hex-Format. Die zweite Spalte von links enthält den Interncode bzw. Maschinencode der Befehle. Die dritte Spalte von links numeriert die Zeilen. Nach der Zeilennummer kommt entweder eine Marke, die mit Doppelpunkt (:) abgeschlossen sein muß, ein Befehl in externer Schreibweise oder ein Kommentar. Ein Kommentar beginnt immer mit einem Semikolon (;) und geht bis zum Zeilende. Ein Kommentar kann auch rechts von Marken oder Befehlen eingefügt werden.

Anschließend an das Programm wird eine Referenzliste ausgedruckt (nur beim Uhrprogramm). Diese enthält alphabetisch sortiert alle Marken. Hinter jeder Marke finden Sie in der Spalte **DEFINITON** die untergeordneten Spalten **TYPE** und **VALUE** und unter **ATTRIBUTES** die Spalte **REFERENCES**.

In der Spalte **TYPES** finden Sie in unseren Beispielen die Buchstaben B, C und D. B bedeutet Bit-, C Code- und D Data-Adresse. Daneben steht unter Value in diesem Falle ADDR für Adresse und darunter gegebenenfalls eine Zeilennummer, falls das Symbol innerhalb des Programms als Marke auftritt. Handelt es sich beispielsweise um ein Special-Function-Register, so gibt es keine Zeilennummer, weil diese im Assembler selbst vereinbart sind.

Die letzte Spalte enthält zuerst die hexadezimale Adresse der Marke, eventuell mit .X, wenn es eine Bitadresse war, und alle Zeilennummern, von wo aus auf diese Adresse zugegriffen bzw. hingesprungen oder aufgerufen wird.

Uhrprogramm

Das Uhrprogramm arbeitet mit dem Timer 2 im Reload-Modus. Bei jedem Timer-2-Überlauf wird der Timer 2 mit einem Wert geladen, so daß die Laufzeit zwischen diesem Zeitpunkt bis zum Timer-2-Überlauf genau 120 ms beträgt. Außerdem erzeugt der Timer-2-Überlauf jedesmal einen Interrupt. In der Interrupt-Service-Routine des Timer 2 werden die 120-ms-Zyklen, dann die Sekunden, Minuten und Stunden gezählt. Die leeren Unterprogramme SEKUNDE, MINUTE und STUNDE werden zu den jeweiligen Zeitpunkten angesprungen. In diesen Unterprogrammen sind nun beliebige Programmstücke einzufügen.

Programmbeispiel, 16-bit-Division

Zum Abschluß bringen wir als Beispiel ein Divisionsprogramm, das ein 16 bit breites Wort durch ein 16 bit breites Wort dividiert. Im Gegensatz zum Multiplikations-Befehl, der sich zur Konstruktion von Mehrbytemultiplikations-Programmen eignet, benötigt man für die Division ein anderes Verfahren.

Es arbeitet wie folgt:

Dividend/Divisor = Quotient

1. Initialisieren (Register laden)
2. Zähler mit 16 laden
3. MSBIT des Dividenden von rechts ins Arbeitsregister schieben
4. (Arbeitsregister) minus (Divisor), wenn Ergebnis positiv, Rest nach Arbeitsregister
5. (Carry Flag) invertiert von rechts ins (Quotientenregister) schieben
6. (Zähler) minus 1 nach (Zähler)
7. Wiederhole ab 3. bis (Zähler) = 0

Programmbeispiel Uhr

```
LOC       OBJ        LINE   SOURCE

                     1      $PROCESSOR (80515)
                     2      $XREF
                     3      $NOPAGING
                     4
                     5      ; Direktiven zur Assemblersteuerung:
                     6      ;    $ PROCESSOR stellt den Prozessortyp ein
                     7      ;    $ XREF erzeugt am Listing-Ende eine Re-
                     8      ;       ferenzliste
                     9      ;    $ NOPAGING unterdrückt den Zeilenvorschub
                     10
                     11     ; WICHTIG:
                     12     ;    Diese Direktiven müssen ab der ersten
                     13     ;    Zeile und in jeder Zeile ab dem ersten
                     14     ;    Zeichen im Programm stehen
                     15
                     16     ;=====================================================
                     17     ; Das MC-Programm Zeit generiert mit dem
                     18     ; Timer 2 folgende Zeiten
                     19     ;
                     20     ;    100 ms      FFFF - C350 = 3CAF
                     21     ;    Sekunden    65535 - 50000 = 15535
                     22     ;    Minuten
                     23     ;    Stunden
                     24     ;
                     25     ;=====================================================
                     26
                     27     ; Bytevereinbarungen, unter diesen Marken wird
                     28     ; die jeweils aktuelle Zahl der Sekunden, Mi-
                     29     ; nuten usw. abgespeichert
                     30
0070                 31     MS_100_ZAEHLER     DATA    70H       ; für 100 ms
0071                 32     SEKUNDEN_ZAEHLER   DATA    71H
0072                 33     MINUTEN_ZAEHLER    DATA    72H
0073                 34     STUNDEN_ZAEHLER    DATA    73H
                     35     ;-----------------------------------------------------
                     36
                     37     ;-----------------------------------------------------
0100                 38     START     CODE    100H
002B                 39     INT_T2    CODE    2BH
                     40
----                 41               CSEG    AT      RESET
0000  020100         42               LJMP    START
----                 43               CSEG    AT      INT_T2    ; Zeitmessung
002B  02011D         44               LJMP    INTR_TIMER_2
                     45
0100                 46               ORG     100H              ; Das Programm
                     47                                         ; start ab 100H
                     48
                     49     ; Diese Anweisungen bewirken:
                     50     ;   Ab Adr. 0 steht der LJMP nach 100H (020100)
                     51     ;   Ab Adr. 2BH steht der LJMP zum
                     52     ;   INTERRUPT_TIMER_2 (02xxxx)
                     53
                     54
                     55
```

```
                  56      ;================================================
                  57      PROGRAMM_ANFANG:
                  58
0100 7581E0       59              MOV     SP,#0E0H; Stack Pointer = E0H
                  60
                  61      ; Das folgende kleine Programmstück löscht
                  62      ; das interne RAM, damit darin keine Zufalls-
                  63      ; zahlen stehen. Dabei werden auch die Spei-
                  64      ; cherzellen SEKUNDEN, MINUTEN usw. gelöscht.
                  65
                  66
                  67      LOOP_CLR:
0103 E4           68              CLR     A
0104 F6           69              MOV     @R0,A          ; RAM löschen
0105 D8FC         70              DJNZ    R0,LOOP_CLR
                  71
                  72      ;------------------------------------------------
                  73      ; Timer 2 Initialisieren und Start
                  74      ;------------------------------------------------
0107 75CB15       75              MOV     CRCH,#3CH      ; Reload -> 100 ms
010A 75CA9F       76              MOV     CRCL,#0AFH     ; bei 6 MHz Takt
010D 75CD15       77              MOV     TH2,#3CH       ; Reload -> 100 ms
0110 75CC9F       78              MOV     TL2,#0AFH      ; bei 6 MHz Takt
0113 43C891       79              ORL     T2CON,#91H     ; Start, Takt 6 MHz
0116 D2AD         80              SETB    ET2            ; Int. T2 freigeben
                  81
0118 75A8A4       82              MOV     IEN0,#0A4H ; T2-Interrupt und
                  83                                     ; global freigeben
                  84      ;------------------------------------------------
                  85      ; Warten auf Interrupt des Timer 2
                  86      ;------------------------------------------------
                  87      WARTEN_AUF_TIMER_2_INTERRUPT:
011B 80FE         88              JMP     $
                  89
                  90      ;------------------------------------------------
                  91      ; Timer-2-Interrupt
                  92      ;   Bei jedem Überlauf des Timer 2 wird
                  93      ;   dieses Programm angesprungen. Der Timer 2
                  94      ;   läuft dabei weiter
                  95      ;
                  96      ;   Da der Timer 2 bei jedem Überlauf mit dem
                  97      ;   Wert 159F geladen wird, zählt der Timer in
                  98      ;   jedem Zyklus von diesem Wert bis FFFF. Bei
                  99      ;   6 MHz Eingangsfrequenz dauert das genau
                 100      ;   120 ms. 5 x 120 ms sind eine Sekunde
                 101      ;
                 102      ;------------------------------------------------
                 103
                 104      INTR_TIMER_2:
011D 0570        105              INC     MS_100_ZAEHLER
                 106                                     ; Zähler + 1
011F E570        107              MOV     A,MS_100_ZAEHLER; Zähler ->
                 108                                     ; Akku
0121 B40522      109              CJNE    A,#0AH,T2_ENDE ; (Zähler)<10
                 110                                     ; -> ENDE
                 111
0124 757000      112              MOV     MS_120_ZAEHLER,#0
                 113                                     ; 0 -> Zähler
                 114      ;------------------------------------------------
```

```
                    115        ;         Sekunde
                    116        ;-------------------------------------------
0127 0571           117                 INC     SEKUNDEN_ZAEHLER; S-Zähler + 1
                    118
0129 120147         119                 CALL    SEKUNDE         ; Sekunde-UProg
012C E571           120                 MOV     A,SEKUNDEN_ZAEHLER
                    121                                         ; S-Zähler->A
012E B43C15         122                 CJNE    A,#3CH,T2_ENDE  ; <S-Zähler> <
                    123                                         ; 3CH (=60) ->
                    124                                         ; ENDE
                    125
                    126        ;-------------------------------------------
                    127        ;         MINUTE
                    128        ;-------------------------------------------
0131 757100         129                 MOV     SEKUNDEN_ZAEHLER,#0
                    130                                         ; 0 -> S-Zähler
0134 0572           131                 INC     MINUTEN_ZAEHLER ; M-Zähler + 1
0136 120148         132                 CALL    MINUTE          ; Minuten-UProg
0139 E572           133                 MOV     A,MINUTEN_ZAEHLER
                    134                                         ; M-Zähler->A
013B B43C08         135                 CJNE    A,#3CH,T2_ENDE  ; <M-Zähler> <
                    136                                         ; 3C (=60) ->
                    137                                         ; ENDE
013E 757200         138                 MOV     MINUTEN_ZAEHLER,#0
                    139                                         ; 0 -> M-Zähler
0141 120149         140                 CALL    STUNDE          ; Stunde-Uprog
0144 0573           141                 INC     STUNDEN_ZAEHLER ; S-Zähler + 1
                    142
                    143        ;-------------------------------------------
                    144        ; Ende des Interrupt-Programms, Rückkehr zum
                    145        ; Hauptprogramm
                    146        ;-------------------------------------------
                    147
                    148        T2_ENDE:
0146 32             149                 RETI
                    150
                    151        ;-------------------------------------------
                    152        ; Drei leere Unterprogramme, die zu jeder Se-
                    153        ; kunde, Minute und Stunde aufgerufen werden
                    154        ;-------------------------------------------
                    155
                    156        SEKUNDE:
0147 22             157                 RET
                    158
                    159        MINUTE:
0148 22             160                 RET
                    161
                    162        STUNDE:
0149 22             163                 RET
                    164
                    165
                    166
                    167            END
```

```
XREF SYMBOL TABLE LISTING
---- ------ ----- -------

NAME                              TYPE  VALUE   ATTRIBUTES
                                  DEFINITION    REFERENCES

CRCH    ........................D ADDR  00CBH   A
                                  ---   75
CRCL    ........................D ADDR  00CAH   A
                                  ---   76
ET2     ........................B ADDR  00A8H.5 A
                                  ---   80
IEN0    ........................D ADDR  00A8H   A
                                  ---   82
INTR_TIMER_2   ..................C ADDR  011DH   A
                                  104   44
INT_T2  ........................C ADDR  002BH   A
                                  39    43
LOOP_CLR  ......................C ADDR  0103H   A
                                  67    70
MINUTE  ........................C ADDR  0148H   A
                                  159   132
MINUTEN_ZAEHLER  ...............D ADDR  0072H   A
                                  33    131  133  138
MS_100_ZAEHLER   ...............D ADDR  0070H   A
                                  31    105  107  112
PROGRAMM_ANFANG  ...............C ADDR  0100H   A
                                  57
RESET   ........................C ADDR  0000H   A
                                  ---   41
SEKUNDE ........................C ADDR  0147H   A
                                  156   119
SEKUNDEN_ZAEHLER  ..............D ADDR  0071H   A
                                  32    117  120  129
SP      ........................D ADDR  0081H   A
                                  ---   59
START   ........................C ADDR  0100H   A
                                  38    42
STUNDE  ........................C ADDR  0149H   A
                                  162   140
STUNDEN_ZAEHLER  ...............D ADDR  0073H   A
                                  34    141
T2CON   ........................D ADDR  00C8H   A
                                  ---   79
T2_ENDE ........................C ADDR  0146H   A
                                  148   109  122  135
TH2     ........................D ADDR  00CDH   A
                                  ---   77
TL2     ........................D ADDR  00CCH   A
                                  ---   78
WARTEN_AUF_TIMER_2_INTERRUPT  ...C ADDR  011BH   A
                                  87

Assembly of ZEIT.ASM complete.
```

Programmbeispiel, 16-bit-Division

```
0070            264     QUOTIENT_MSB    DATA    70H     ; Division
0071            265     QUOTIENT_LSB    DATA    71H
0072            266     REGISTER_MSB    DATA    72H
0073            267     REGISTER_LSB    DATA    73H
0074            268     BITZAEHLER_16   DATA    74H
0075            269     TMP_REGISTER    DATA    75H
0076            270     DIVIDEND_MSB    DATA    76H
0077            271     DIVIDEND_LSB    DATA    77H
0078            272     DIVISOR_MSB     DATA    78H
0079            273     DIVISOR_LSB     DATA    79H

                1691    ;-----------------------------------------------------------
                1692    ; 16 bit Dividend /16 bit Divisor = 16 bit Quotient
                1693    ;
                1694    ; 1. Initialisieren
                1695    ; 2. Zähler mit 16 laden
                1696    ; 3. MSBIT Dividend von rechts nach Register
                1697    ; 4. Register - Divisor, wenn Ergebnis positiv
                1698    ;    Rest nach Register
                1699    ; 5. CY invertiert von rechts nach Quotientenregister
                1700    ; 6. Wiederhole ab 3 bis (Zähler) = 0
                1701    ;-----------------------------------------------------------
                1713    DIV_16_BIT:
0830 E4         1714            CLR     A
0831 F570       1715            MOV     QUOTIENT_MSB,A          ; 0 -> Arbeits- und
0833 F571       1716            MOV     QUOTIENT_LSB,A          ; Quotientenregister
0835 F572       1717            MOV     REGISTER_MSB,A
0837 F573       1718            MOV     REGISTER_LSB,A
0839 757410     1719            MOV     BITZAEHLER_16,#16       ; 16 nach Z„hler
083C C3         1720    D10P:   CLR     C                       ; MSBIT Div. von T ->
083D E577       1721            MOV     A,DIVIDEND_LSB          ; Register
083F 33         1722            RLC     A
0840 F577       1723            MOV     DIVIDEND_LSB,A
0842 E576       1724            MOV     A,DIVIDEND_MSB          ; MSB Dividend
0844 33         1725            RLC     A
0845 F576       1726            MOV     DIVIDEND_MSB,A
0847 E573       1727            MOV     A,REGISTER_LSB          ; LSB Arbeitsspeicher
0849 33         1728            RLC     A
084A F573       1729            MOV     REGISTER_LSB,A
084C E572       1730            MOV     A,REGISTER_MSB
084E 33         1731            RLC     A
084F F572       1732            MOV     REGISTER_MSB,A
0851 C3         1733            CLR     C                       ; Arbr.-Divis.->Arbr.
0852 E573       1734            MOV     A,REGISTER_LSB
0854 9579       1735            SUBB    A,DIVISOR_LSB
0856 F575       1736            MOV     TMP_REGISTER,A          ; temporäres Register
0858 E572       1737            MOV     A,REGISTER_MSB
085A 9578       1738            SUBB    A,DIVISOR_MSB
085C 4005       1739            JC      D20P
085E F572       1740            MOV     REGISTER_MSB,A;         ; Erg. MSB->Arbr.
0860 857573     1741            MOV     REGISTER_LSB,TMP_REGISTER
0863 B3         1742    D20P:   CPL     C                       ; CY invert.->Quotient<-R
0864 E571       1743            MOV     A,QUOTIENT_LSB          ; LSB Quotient
0866 33         1744            RLC     A
0867 F571       1745            MOV     QUOTIENT_LSB,A
0869 E570       1746            MOV     A,QUOTIENT_MSB
086B 33         1747            RLC     A
086C F570       1748            MOV     QUOTIENT_MSB,A
086E D574CB     1749            DJNZ    BITZAEHLER_16,D10P
0871 C3         1750            CLR     C
0872 22         1751            RET
```

3.7 Befehlssatz der 8051-Familie

Abkürzungen	Erklärung
#data	8-bit-Konstante, die Bestandteil eines Befehls ist
#data16	16-bit-Konstante, die Bestandteil eines Befehls ist
@R0 @R1	Durch R0 oder R1 der aktuellen Registerbank indirekt adressiertes Byte im internen oder externen RAM
A	Akkumulator
A0-7	Bit 0 bis 7 im Akkumulator
AC	Decimal Adjust Flag
adr11	11-bit-Zieladresse für ACALL und AJMP; innerhalb derselben 2-Kbyte-Seite
adr16	16-bit-Zieladresse für LCALL und LJMP; kann überall innerhalb des 64-Kbyte-Programmspeichers liegen
bit	Die 128 Bitadressen im internen RAM oder jedes adressierbare Bit in den Special-Function-Registern
C	Carry Flag
dir = Direct address	Ein Byte im unteren direktadressierbaren 127-byte-Bereich oder im SFR-Bereich zwischen 128 und 255 byte
O	Overflow Flag
PC	Program Counter
rel	SJMP und alle bedingten Sprungbefehle enthalten eine relative 8-bit-Sprungadresse. Der Sprungbereich ist von -127 bis +128 byte relativ zum ersten Byte des darauffolgenden Befehls
Rn	Register R0 bis R7 der aktuellen Registerbank
SP	Stack Pointer

Arithmetikbefehle

Operator	Operanden	Funktion	Erklärung	Hex Code	Flags	Bytes	Zyklen
ADD	A,Rn	(A) ← (Rn)+(A)	Addiere Register n mit A	28-2F	C,O,AC	1	1
ADD	A,dir	(A) ← (dir)+(A)	Addiere direkt RAM mit A	25	C,O,AC	2	1
ADD	A,@R0	(A) ← ((R0))+(A)	Addiere registerindirektes RAM und A	26	C,O,AC	1	1
ADD	A,@R1	(A) ← ((R1))+(A)		27	C,O,AC	1	1
ADD	A,#data	(A) ← data	Addiere Konstante und A	24	C,O,AC	2	1
ADDC	A,Rn	(A) ← (Rn)+(C)+(A)	Addiere Register n mit A und C	38-3F	C,O,AC	1	1
ADDC	A,dir	(A) ← (dir)+(C)+(A)	Addiere direkt RAM mit A und C	35	C,O,AC	2	1
ADDC	A,@R0	(A) ← ((R0))+(C)+(A)	Addiere registerindirektes RAM und A mit C	36	C,O,AC	1	1
ADDC	A,@R1	(A) ← ((R0))+(C)+(A)		37	C,O,AC	1	1
ADDC	A,#data	(A) ← (C)+data	Addiere Konstante und A mit C	34	C,O,AC	2	1
SUBB	A,Rn	(A) ← (Rn)-C)+(A)	Subtrahiere Register n von A und C	98-9F	C,O,AC	1	1
SUBB	A,dir	(A) ← (dir)-C)+(A)	Subtrahiere RAM von A und C	95	C,O,AC	2	1
SUBB	A,@R0	(A) ← ((R0))-C)-(A)	Subtrahiere registerindirektes RAM von A und C	96	C,O,AC	1	1
SUBB	A,@R1	(A) ← ((R0))-C)+(A)		97	C,O,AC	1	1
SUBB	A,#data	(A) ← (C)-data	Subtrahiere Konstante von A und C	94	C,O,AC	2	1
INC	A	(A) ← (A)+1	Inkrementiere A	A3		1	1
INC	Rn	(Rn) ← (Rn)+1	Inkrementiere Register n	08-0F		1	1
INC	dir	(dir) ← (dir)+1	Inkrementiere RAM	05		2	1
INC	@R0	((R0)) ← ((R0))+1	Inkrementiere registerindirektes RAM	06		1	1
INC	@R1	((R1)) ← ((R1))+1		07		1	1
INC	DPTR	(DPTR) ← (DPTR)+1	Inkrementiere Data pointer	A3		1	1

Operator	Operanden	Funktion	Erklärung	Hex Code	Flags	Bytes	Zyklen
DEC	A	(A) ← (A)-1	Dekrementiere A	14		1	1
DEC	Rn	(Rn) ← (Rn)-1	Dekrementiere Register n	18-1F		1	1
DEC	dir	(dir) ← (dir)-1	Dekrementiere RAM	15		2	1
DEC	@Ri	((R0)) ← ((R0))-1 ((R1)) ← ((R1))-1	Dekrementiere registerindirektes RAM	16 17		1	1
MUL	AB	(AB) ← (A)*(B)	Multipliziere A mit B-Register	A4	C,O	1	4
DIV	AB	(A Rest B) ← (A)/(B)	Dividiere A durch B	84	C,O	1	4
DA	A		Korrigiere Dezimal nach Addition	D4	C	1	1

Shiftbefehle

Operator	Operanden	Funktion	Erklärung	Hex Code	Flags	Bytes	Zyklen
RL	A	(An) ← (An + 1)	Rotiere A links	23		1	1
RLC	A	(A0) ← (C) (C) ← (A7) (An) ← (An + 1)	Rotiere A links durch C	33	C	1	1
RR	A	(An) ← (An - 1)	Rotiere A rechts	93		1	1
RRC	A	(A7) ← (C) (C) ← (A0) (An) ← (An - 1)	Rotiere A rechts durch C	13	C	1	1
SWAP	A	(A)0-3 ↔ (A)4-7	Vertausche Nibbles im A	C4		1	1

Logikbefehle

Operator	Operanden	Funktion	Erklärung	Hex Code	Flags	Bytes	Zyklen
ANL	A,Rn	(A) ← (A)∧(Rn)	Verknüpfe logisch UND Register n mit A	58-5F		1	1
ANL	A,dir	(A) ← (A)∧(dir)	Verknüpfe logisch UND RAM mit A	55		2	1
ANL	A,@R0 A,@R1	(A) ← (A)∧((R0)) (A) ← (A)∧((R1))	Verknüpfe logisch UND registerindirekt RAM mit A	56 57		1 1	1 1
ANL	A,#data	(A) ← (A)∧data	Verknüpfe logisch UND Konstante mit A	54		2	1
ANL	dir,A	(dir) ← (A)∧(dir)	Verknüpfe logisch UND A mit RAM	52		2	1
ANL	dir,#data	(dir) ← (dir)∧daten	Verknüpfe logisch UND Konstante mit RAM	53		3	2
ANL	C,bit	(C) ← (bit)∧(C)	Verknüpfe logisch UND bit mit C	80	C	2	2
ANL	C,/bit	(C) ← (/bit)∧(C)	Verknüpfe logisch UND /bit mit C	82	C	2	2
ORL	A,Rn	(A) ← (A)∨(Rn)	Verknüpfe logisch ODER Register n mit A	48-4F		1	1
ORL	A,dir	(A) ← (A)∨(dir)	Verknüpfe logisch ODER RAM mit A	45		2	1
ORL	A,@Ri	(A) ← (A)∨((R0)) (A) ← (A)∨((R1))	Verknüpfe logisch ODER registerindirekt RAM und A	46 47		1 1	1 1
ORL	A,#data	(A) ← (A)∨data	Verknüpfe logisch Exklusiv-ODER unmittelbarem RAM mit A	44		2	1
ORL	dir,A	(dir) ← (A)∨(dir)	Verknüpfe logisch Exklusiv-ODER A mit RAM	42		2	1
ORL	dir,#data	(dir) ← (dir)∨daten	Verknüpfe logisch Exklusiv-ODER Konstante mit RAM	43		3	2

Operator	Operanden	Funktion	Erklärung	Hex Code	Flags	Bytes	Zyklen
ORL	C,bit	(C) ← (bit)∨(C)	Verknüpfe logisch ODER bit mi C	72	C	2	2
ORL	C,/bit	(C) ← (/bit)∨(C)	Verknüpfe logisch ODER /bit mit C	A0	C	2	2
XRL	A,Rn	(A) ← (A)⊕(Rn)	Verknüpfe logisch Exklusiv-ODER Register n mit A	68-6F		1	1
XRL	A,dir	(A) ← (A)⊕(dir)	Verknüpfe logisch Exklusiv-ODER RAM mit A	65		2	1
XRL	A,@Ri	(A) ← (A)⊕((R0)) (A) ← (A)⊕((R1))	Verknüpfe logisch Exklusiv-ODER registerindirekter RAM mit A	66 65		1 1	1 1
XRL	A,#data	(A) ← (A)⊕data	Verknüpfe logisch Exklusiv-ODER Konstante mit A	64		2	1
XRL	dir,A	(dir) ← (A)⊕(dir)	Verknüpfe logisch Exklusiv-ODER A mit RAM	62		2	1
XRL	dir,#data	(dir) ← (dir)⊕daten	Verknüpfe logisch Exklusiv-ODER Konstante mit RAM	63		3	2

Setz- und Löschbefehle

Operator	Operanden	Funktion	Erklärung	Hex Code	Flags	Bytes	Zyklen
CLR	C	(C) ← 0	Lösche C	C3	C	1	1
CLR	bit	(bit) ← 0	Lösche Bit	C2		2	1
SETB	C	(C) ← 1	Setze C	D3	C	1	1
SETB	bit	(bit) ← 1	Setze Bit	D2		2	1
CPL	C	(C) ← (/C)	komplementiere C	B3	C	1	1
CPL	bit	(bit) ← (/bit)	komplementiere Bit	B2		2	1
CLR	A	(A) ← 0	Lösche A	E4		1	1
CPL	A	(A) ← (/A)	Bilde 2er-Komplement des A	F4		1	1

Datentransfer-Befehle

Operator	Operanden	Funktion	Erklärung	Hex Code	Flags	Bytes	Zyklen
MOV	A,Rn	(A) ← (Rn)	Transferiere vom Register n zum A (Kopie)	E8-EF		1	1
MOV	A,dir	(A) ← (dir)	Transferiere vom RAM zum A	E5		2	1
MOV	A,@R0 A,@R1	(A) ← ((R0)) (A) ← ((R1))	Transferiere registerindirekt vom RAM zum A	E6 E7		1 1	1 1
MOV	A,#data	(A) ← data	Transferiere Konstante zum A	74		2	1
MOV	Rn,A	(Rn) ← (A)	Transferiere vom A zum Register n	F8-FF		1	1
MOV	Rn,direct	(Rn) ← (dir)	Transferiere vom RAM zum Register n	A8-AF		2	2
MOV	Rn,#data	(Rn) ← data	Transferiere Konstante zum Register n	78-7F		2	1
MOV	dir,dir	(dir) ← (dir)	Transferiere vom RAM zum RAM	85		3	2
MOV	dir,@R0 dir,@R1	(dir) ← ((R0)) (dir) ← ((R1))	Transferiere registerindirekt vom RAM zum RAM	86 87		2 2	2 2
MOV	direkt,#data	(dir) ← daten	Transferiere Konstante zum RAM	85		3	2
MOV	@R0,A @R1,A	((R0)) ← (A) ((R1)) ← (A)	Transferiere vom A registerindirekt zum RAM	F6 F7		1 1	1 1
MOV	@R0,dir @R1,dir	((R0)) ← (dir) ((R1)) ← (dir)	Transferiere vom RAM indirekt zum RAM	A6 A7		2 2	2 2
MOV	@R0,#data @R1,#data	((R0)) ← data ((R0)) ← data	Transferiere Konstante indirekt zum RAM	76 77		2 2	1 1
MOV	DPTR,#data	(DPTR) ← data	Lade Data Pointer mit 16-bit-Adresse	90		3	2

Operator	Operanden	Funktion	Erklärung	Hex Code	Flags	Bytes	Zyklen
MOVC	A,@A+DPTR	(A) ← ((A) + (DPTR))	Transferiere Codebyte relativ zu DPTR zum A	93		1	2
MOVC	A,@A+PC	(A) ← ((A) + (PC))	Transferiere Codebyte relativ zu PC zum A	83		1	2
MOVX	A,@R0 A,@R1	(A) ← ((R0)) (A) ← ((R1))	Transferiere vom externen RAM durch Ri adressiert zum A	E2 E3		1 1	2 2
MOVX	A,@DPTR	(A) ← ((DPTR))	Transferiere vom externen RAM durch DPTR adressiert zum A	E0		1	2
MOVX	@R0,A @R1,A	((R0)) ← (A) ((R0)) ← (A)	Transferiere vom A zum externen RAM durch Ri adressiert	F2 F3		1 1	2 2
MOVX	@DPTR,A	((DPTR)) ← (A)	Transferiere vom A zum externen RAM durch DPTR adressiert	F0		1	2
PUSH	dir	(SP) ← (SP)+1 ((SP)) ← (dir)	Transferiere vom RAM zum Stack	C0		2	2
POP	dir	(SP) ← (SP)-1 (dir) ← ((SP))	Transferiere vom Stack zum RAM	D0		2	2
XCH	A,Rn	(A) ↔ Rn	Vertausche A mit Register n	C8-CF		1	1
XCH	A,dir	(A) ↔ (dir)	Vertausche A mit RAM	C5		1	1
XCH	A,@R0 A,@R1	(A) ↔ ((R0)) (A) ↔ ((R1))	Vertausche A mit registerindirektadressiertem RAM	C6 C7		1 1	1 1
XCHD	A,@R0 A,@R1	(A) ↔ ((R0)) $(A)_{0-3}$ ↔ $((R1))_{0-3}$	Vertausche niederwertiges Nibble von A mit Register-in-direktadressiertem RAM	D6 D7		1 1	1 1
MOV	C,bit	(C) ← (bit)	Transferiere Bit zum Carry	A2	C	2	1
MOV	bit,C	(bit) ← (C)	Transferiere Carry zum Bit	92		2	2

Programmsteuerbefehle

Operator	Operanden	Funktion	Erklärung	Hex Code	Flags	Bytes	Zyklen
ACALL	adr11	$(SP) \leftarrow (SP) +1$ $((SP)) \leftarrow (PC)_{0-7}$ $(SP) \leftarrow (SP) +1$ $((SP)) \leftarrow (PC)_{15-8}$ $(PC) \leftarrow adr11$	Unterprogrammaufruf innerhalb 2-Kbyte-Seite	11		2	2
LCALL	adr16	$(SP) \leftarrow (SP) +1$ $((SP)) \leftarrow (PC)_{0-7}$ $(SP) \leftarrow (SP) +1$ $((SP)) \leftarrow (PC)_{15-8}$ $(PC) \leftarrow adr16$	Unterprogrammaufruf mit 16-bit-Adresse	12		3	2
RET		$(PC)_{15-8} \leftarrow ((SP))$ $(SP) \leftarrow (SP) - 1$ $(PC)_{7-0} \leftarrow ((SP))$ $(SP) \leftarrow (SP) - 1$	Rücksprung von Unterprogramm	22		1	2
RETI		$(PC)_{15-8} \leftarrow ((SP))$ $(SP) \leftarrow (SP) - 1$ $(PC)_{7-0} \leftarrow ((SP))$ $(SP) \leftarrow (SP) - 1$	Rücksprung aus Interrupt Subroutine	32		1	2
AJMP	adr11	$(PC_{0-10}) \leftarrow adr11$	Springe relativ innerhalb 2-Kbyte-Seite	01		2	2
LJMP	adr16	$(PC) \leftarrow adr16$	Springe mit 16-bit-Adresse,	02		3	2
SJMP	rel	$(PC) \leftarrow (PC) + rel$	Springe relativ, maximale Sprungweite von -128 bis 127	80		2	2
JZ	rel	$(PC) \leftarrow (PC) + rel$	Springe relativ, falls A = 0	60		2	2
JNZ	rel	$(PC) \leftarrow (PC) + rel$	Springe relativ, falls A ≠ 0	70		2	2
JC	rel	$(PC) \leftarrow (PC) + rel$	Springe relativ, falls Carry gesetzt	40		2	2

Operator	Operanden	Funktion	Erklärung	Hex Code	Flags	Bytes	Zyklen
JNC	rel	(PC) ← (PC) + rel	Springe relativ, falls Carry rückgesetzt	50		3	2
JB	bit,rel	(PC) ← (PC) + rel	Springe relativ, falls Bit = 1	20		3	2
JNB	bit,rel	(PC) ← (PC) + rel	Springe relativ, falls Bit = 0	30		3	2
JBC	bit,rel	(PC) ← (PC) + rel	Springe relativ, falls Bit = 1, lösche Bit	10		3	2
CJNE	A,dir,rel	(PC) ← (PC) + rel if (A)<(dir) (C) ← 1, sonst (C) ← 0	Vergleiche A mit RAM und springe, wenn ungleich	B5	C	3	2
CJNE	A,#data,rel	(PC) ← (PC) + rel if (A)<(daten) (C)←1 sonst (C) ← 0	Vergleiche A mit Konstante und springe, wenn ungleich	B4	C	3	2
CJNE	Rn,#data,rel	(PC) ← (PC) + rel if (Rn)<(daten) (C)←1 sonst (C) ← 0	Vergleiche Register n mit Konstante und springe, wenn ungleich	B8-BF	C	3	2
CJNE	@R0,#data,rel	(PC) ← (PC) + rel if (Rn)<((R0)) (C)←1 sonst (C) ← 0	Vergleiche registerindirekt-adressierten Speicher mit Konstante und springe, wenn ungleich	B6	C	3	2
	@R1,#data,rel	(PC) ← (PC) + rel if (Rn)<((R1)) (C)←1 sonst (C) ← 0		B7		3	
DJNZ	Rr,rel	(Rn) ← (Rn) - 1 if (Rn)≠0 (PC) ← (PC) + rel	Dekrementiere Register n und springe, falls ungleich 0	D8-DF		2	2
DJNZ	dir,rel	(dir) ← (dir) -1 if (Rn)≠0 (PC) ← (PC) + rel	Dekrementiere direktes RAM und springe, falls ungleich 0	D5		3	2
NOP			Keine Operation	00		1	1

Kapitel 4
Ein 80C535
Minimalsystem

4 Ein 80535 Minimalsystem

Dieses Kapitel beschreibt ein Minimalsystem mit dem 80535. Dabei wird dieser Mikrocontroller kurz umrissen. Im Anhang B finden sie zu diesem Baustein weitere Informationen.

Generell verfügen alle Mitglieder der 8051-Mikrocontroller-Familie über den gleichen Befehlssatz. Somit sind Entwicklungshilfsmittel für die Software, wie Assembler oder Compiler, für alle diese Mikrocontroller einsetzbar. Die sehr vielseitigen unterschiedlichen Peripheriekomponenten werden über sogenannte Special-Function-Register gesteuert.

Logiksymbol des Mikrocontrollers 80(C)515/535

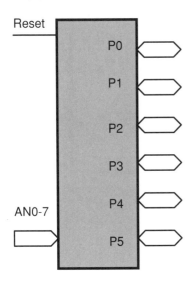

Der 80(C)515 hat als Kern den vollständigen 8051 mit allen seinen Peripheriekomponenten. Das sind zwei 16-bit-Timer, eine serielle Schnittstelle, fünf Interrupt-Quellen und zwei Prioritätebenen sowie vier 8-bit-Ports. Der 80(C)515 hat zusätzlich zwei 8-bit-Eingabe- und Ausgabeports, einen A/D-Wandler mit 8 Analogeingängen, 8 bit Auflösung und eine Wandlungszeit von 15 µs. Er hat einen 16-bit-Watchdogtimer und einen 16-bit-Timer 2 mit vier Capture/Compare/Reload-Register für impulsweitenmodulierte Ausgangssignle. Er hat 12 Interrupt-Quellen und vier Prioritätebenen.

Externer Programmspeicher

Auf die Speicherstruktur des 80515 wurde im vorangegangenen Kapitel eingegangen. Hier geht es jetzt um die Realisierung eines Systems mit dem 80(C)535 (ROM-lose Version) mit externem Befehlsspeicher.

Mit dem 8051 sind maximal 64 Kbyte Programmspeicher adressierbar. Dieser Programmspeicher kann auf zwei verschiedene Arten organisiert sein. Das Signal /EA (External-Access) legt die Art der Organisation fest. Liegt der Eingang /EA auf Low-Potential, ist ausschließlich ein externer Speicher betreibbar 8031 (8032, 80(C)535, 80C537). Liegt /EA auf High-Potential, werden für die unteren 4 Kbyte (beim 8051 und 8052) bzw. 8 Kbyte (beim 80(C)515 und 80C517) Befehlsspeicher ausschließlich auf den internen Befehlsspeicher zugegriffen. Dieser interne Bereich ist extern bis zusammen 64 Kbyte erweiterbar. Wichtig ist, daß es sich bei den ROM- und ROM-losen Versionen um die physikalisch gleichen Bausteine handelt. Jede ROM-Version ist auch als ROM-lose Version verwendbar. Das folgende Bild zeigt die Schaltung.

ROM- und RM-losen Versionen sind physikalisch identisch. Nur der Pegel am /EAPin bestimmt die Verwendung des internen ROM.

104 Kapitel 4

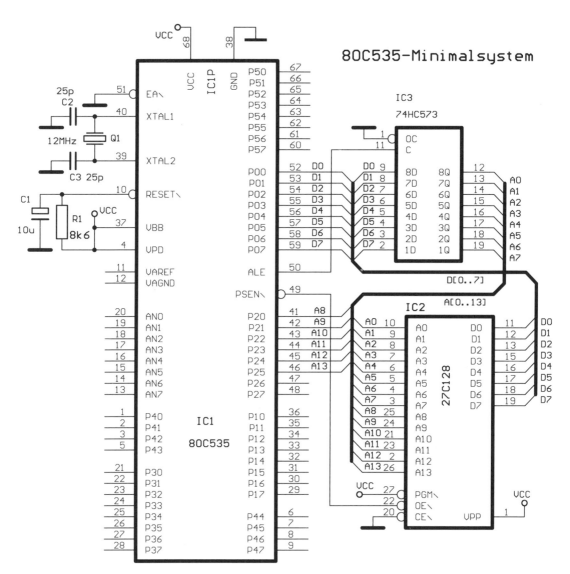

80C535 mit externem Programmspeicher

Funktion und Zeitverhalten

Beim Zugriff auf den externen Programmspeicher wird die 16-bit-Adresse über Port 2 (höherwertige Adreßbits A8-A15) und Port 0 (niederwertige Adreßbits A0-A7) ausgegeben. Port 0 überträgt außer den Adressen im Zeitmultiplex 8-bit-Daten (D0-D7) vom Programmspeicher zum Controller. Der 80C535 speichert das zuerst über Port 0 ausgegebene LOW-Adreßbyte in ein Register (74HC573). Das HIGH-Adreßbyte steht an Port 2. Nachdem die Adressen am externen Programmspeicher anliegen kann das Befehlsbyte über Port 0 in den Mikrocontroller eingelesen werden. Dazu erzeugt der Mikrocontroller zwei Steuersignale für den externen Programmspeicherzugriff:

ALE = Adress Latch Enable
/PSEN = Programm Store Enable

Mit der fallenden Flanke von ALE sind die Adreßbits von Port 0 (A0 bis A7) für den Programmspeicher zwischenzuspeichern. Das Steuersignal /PSEN gibt den Programmspeicher zum Datentransfer über Port 0 frei. Beim Anschluß der ROM-losen Versionen sind Port 0 und Port 2 nicht mehr für Eingabe- und Ausgabe-Operationen verwendbar. Über Port 2 werden beim externen Programmspeicherzugriff immer alle höherwertigen Adreßbits ausgegeben. Als Adreßzwischenspeicher ist ein 74LS373 oder 74LS573 bzw. die entsprechenden HC-Typen zu verwenden. Bei 12 MHz Oszillatorfrequenz. sind folgende Zeiten zu beachten:

Programmspeicherzyklus	500 ns
Adressen stabil, bis gültige Daten anstehen	320 ns
PSEN aktiv, bis gültige Daten anstehen	150 ns

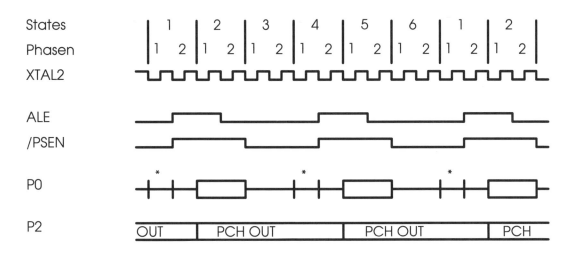

* = Daten abgetastet
PCL = Program Counter LOW
PCH = Program Counter HIGH

Zeiten beim externen Speicherzugriff

Kapitel 5
Projektmanagement

5 Projektmanagement

Hat man begriffen, wie ein Mikrocontroller arbeitet und wie ein Programm zu strukturieren ist, so muß das noch lange nicht dazu ausreichen, ein Projekt in einer vernünftigen Zeit mit einem vernünftigen Ergebnis durchzuführen. Sie sollten sich immer folgendes vor Augen halten: Wenn Sie eine neue Aufgabe beginnen und noch nie etwas ähnliches durchgeführt haben, werden Sie zu einer realistischen Aufwandschätzung kaum in der Lage sein. Das gilt um so mehr, je komplexer die zu lösende Aufgabe ist. Auch erfahrene Entwickler und Programmierer sind in vergleichbarer Situation dazu kaum in der Lage. Die einzige Möglichkeit, Mißerfolge zu vermeiden, ist systematisches Vorgehen. Deshalb haben wir in diesem Kapitel die wichtigsten Regeln schlagwortartig zusammengefaßt.

Ein zu entwickelndes System soll bedienerfreundlich, fehlerfrei und leicht zu pflegen sein und im Zeit- und Kostenrahmen bleiben. Um diesen Zielvorstellungen nahezukommen, braucht man eine leistungsfähige Projekttechnik.

Nur ausnahmsweise sind Projekte fristgerecht fertig, voll funktionsfähig, sauber, ausreichend und aktuell dokumentiert, leicht test- und änderbar und bleiben im vorgesehenen Kostenrahmen. Und dies, obgleich MC-Projekte meist mit wenigen Hardware-Komponenten und überschaubaren Programmen auskommen.

Die häufigen Mißerfolge sollten zu denken geben. Einige Ursachen dafür sind mangelnde Erfahrung, schlechte Problemdefinition, ungenaue Anforderungen, unrealistische oder keine Termine, fehlende Planung, mangelhafte oder fehlende Dokumentation, ungenügende Überwachung der Änderungen und unberücksichtigte Störeinflüsse. Dieses Kapitel versucht, die zum erfolgreichen Durchführen eines MC-Projekts notwendige Systematik zu vermitteln und zu erklären, was alles an einem MC-Projekt hängt und was alles schief laufen kann. Da jedes Projekt seine eigene Charakteristik hat, sind die Empfehlungen nach Bedarf abzuändern oder zu ergänzen.

Zum Projektablauf gehören:

- Auftrag
- Dokumente
- Definition
  - Analyse
  - Projektplan
- Entwurf
- Realisierung
- Test
- Abnahme

Zu den wichtigsten Aspekten gehören:

- Wechselwirkungen
- Qualität und Zuverlässigkeit
- Chancen und Risiken neuer Mikrocomputer-Typen
- Auswahl des MC und der übrigen Hardware-Komponenten
- Änderungen
- Schätzungen
- Meilensteine
- Unterstützung, Entwicklungshilfen
- Wartbarkeit

5.1 Vorbedingungen

Von Projektbeginn an sollte ein Auftrag oder Vertrag vorliegen. Auch wenn man sich selbst den Auftrag gibt, sollte ein Schriftstück die Aufgabe definieren. Jede Projektphase ist aus-

Auftrag

Am Anfang steht der Auftrag bzw. der Vertrag. Er beschreibt detailliert die Aufgabe. Normalerweise spielt sich in der Vorvertragsphase schon viel ab. Es gibt Gespräche, Studien, Abschätzungen und Angebote. Ziel dieser Aktionen ist ein Vertrag über die Entwicklungsaufgabe eines MC-Projekts. Auch wenn der Auftrag von einer anderen Abteilung im eigenen Unternehmen kommt, sollte eine schriftliche Definition darüber vorliegen, was zu leisten ist. Wie sieht es in der Praxis oft aus? Nachdem sich der Kunde zu einem Auftrag durchgerungen hat, muß es plötzlich schnell gehen. Ein Messetermin ist in Sicht, die Mitbewerber sind schon weiter, der Auftraggeber steht unter Erfolgsdruck und was dergleichen Dinge mehr sind. Oft hat der Kunde keine oder nur rudimentäre MC-Kenntnisse und deshalb zwangsläufig unklare Vorstellungen über das, was ein MC kann. Das neue Produkt soll mehr können als das bisher produzierte, mehr als das der Mitbewerber, Entwicklung und Herstellung sollten möglichst wenig kosten. In dieser Phase ist eine genaue Aufwandsschätzung nur möglich, wenn Erfahrungen mit vergleichbaren Projekten vorliegen. Ist das nicht der Fall, wird oft ein Vorvertrag sinnvoll. Er umfaßt üblicherweise Problemanalyse und Projektplan. Danach liegt eine genauere Aufwandsschätzung als Basis für den Hauptvertrag vor. Je präziser der Vertrag den Gegenstand des Vertrags beschreibt, um so geringer ist später die Gefahr von Meinungsverschiedenheiten, z. B. ob ein später präzisierter Wunsch oder Änderung Gegenstand des Vertrags ist oder ob er zusätzlich bezahlt werden muß und die Termine gefährdet. Aus solchen Situationen entstehen mitunter schwer lösbare oder teure Konflikte. Dem gilt es vorzubeugen, weil solche Änderungs- und Erweiterungswünsche mit sehr hoher Wahrscheinlichkeit kommen.

Dokumente

Jede Projektphase ist angemessen und hinreichend zu dokumentieren. Hinreichend bedeutet, daß ein Projektfremder alle Informationen vorfindet, um an dem Projekt weiterarbeiten zu können. Bei der Dokumentation erleichtert Schematisierung die Arbeit. Unten werden die die wichtigsten empfehlenswerten Dokumente aufgelistet. Als Beispiel sei die Dokumentation eines Softwaremoduls erläutert. Jedes Programmodul beginnt mit einem Programmkopf. Dieser sollte enthalten:

- ❏ Programmname
- ❏ Datum
- ❏ Versionsnummer
- ❏ Funktion des Programms
- ❏ Eingänge und Ausgänge
- ❏ Fehlerbehandlung
- ❏ Methode oder Algorithmus
- ❏ Modifikation
- ❏ Einschränkungen
- ❏ Begrenzungen
- ❏ Speicherbelegung (RAM/ROM/STACK)
- ❏ besondere Testbedingungen

Für den Befehls- oder Anweisungsteil gilt:

- ❏ Verzweigungsbefehle sind mit den Verzweigungsbedingungen zu kommentieren.
- ❏ Der Algorithmus sollte durch Kommentare verfolgbar sein.
- ❏ Variablennamen und symbolische Adressen sollten ihre Funktion erklären.
- ❏ Parameter sind zu erklären.

Die wichtigsten Dokumente sind im folgenden aufgeführt.

❏ Gegebenenfalls sind Testbedingungen und Versionen zu erklären.

5.2 Projektplanung

Der Projektplan bildet die Grundlage zur Aufwandsabschätzung, zur Projektdurchführung und zur Projektüberwachung. Er bildet die Leitlinie für alle Projektabschnitte, schreibt Ziele und Termine (Meilensteine) vor und gibt Richtlinien und Vorschriften. Oft gibt es keinen Projektplan. Die scheinbare Überschaubarkeit der MC-Projekte verleitet dazu, die Dinge auf die leichte Schulter zu nehmen und gleich mit dem Programmieren zu beginnen. Die dann unvermeidbaren Schwierigkeiten und Probleme kommen sicher. Ein erfolgversprechender Projektplan setzt Vertrautheit mit der Materie voraus. Fehlt die Erfahrung mit Projekten der aktuellen Größenordnung und Komplexität, wird in den meisten Fällen das Projekt unterschätzt, da die fehlende Erfahrung oft nicht erkannt wird. Üblicherweise besteht ein Projekt aus Phasen, die nacheinander durchlaufen werden und jeweils zu einem bestimmten Projektfortschritt führen. So wichtig dieser Phasenplan ist, so ungenau zeigt er, was sich wirklich abspielt, abspielen muß. Aus der Reihenfolge geht nicht hervor, wie die einzelnen Phasen zusammenhängen, sich gegenseitig bedingen. Es überlappen sich nicht nur die Phasen, das ließe sich mit einem Balkendiagramm darstellen, sondern es gibt auch Aspekte, die alle Projektphasen beeinflussen können. Und berücksichtigt man diese Aspekte bei der Planung nicht, dann ist der Plan schnell überholt. Deshalb geht dieses Kapitel nach der Darstellung des Plangerüsts besonders darauf ein.

5.3 Projektplan

Der Projektplan soll enthalten:
1. **Überblick**: Dieser faßt in wenigen Sätzen die Aufgabe und den Plan selbst zusammen.

2. **Phasenplan**: Dieser enthält alle Entwicklungsphasen, geplante Zeiten je Phase (Termine), den geplanten Personaleinsatz und die Dokumente, die am Ende jeder Phase vorliegen müssen.

3. **Testplan**: Er bestimmt Vorgehensweise, Zielsetzung und Umfang der Tests für Entwicklung, Fertigung und Wartung.

4. **Änderungskontrolle**: Hier wird die Vorgehensweise bei Änderungen festgelegt. Es wird auch definiert, was eine zu dokumentierende und kontrollierende Änderung ist.

Die folgenden Tabellen listen die erforderlichen Dokumente auf.

Dokumente und ihr Zweck

Auftrag oder Vertrag: beschreibt die Aufgabe.

Problemspezifikation: definiert das Problem und enthält Anforderungen an das System.

Projektplan: beschreibt Lösung und Vorgehensweise, gibt Richtlinien für Durchführung und Kontrolle, setzt Meilensteine.

Software

Entwurfspezifikation: beschreibt den Programmentwurf.

Codierspezifikation: beschreibt detailliert die Module.

Testspezifikation: beschreibt Testrahmen und -bedingungen.

Programmlisting: dokumentiert das Programm.

Hardware

Entwurfspezifikation: beschreibt Hardware, Randbedingungen, enthält Datenblätter, Datenbücher sowie Anforderungen an den MC.

Testspezifikation: beschreibt Testbedingungen, -vorschriften und -mittel.

Stromlaufpläne: beschreiben die Schaltung, Impulsdiagramme beschreiben Teile der Schaltungsfunktion.

Stücklisten: Dokumentation für Fertigung und Kalkulation der Hardware.

Systemtestspezifikationen: enthält Dokumente über Testanforderungen, Testhilfsmittel, Testberichte und Fehleranalyse zur Unterstützung und Kontrolle des Systemtests.

Bedienungsanleitung: Dokument zur Handhabung des Systems.

Prüffeldunterlagen: enthalten Dokumente über Komponenten- test, Systemtest, Fehlerstatistik, Fehleranalyse und Fehlersuchtaktik zur Produktionssicherung.

Wartungsunterlagen: erleichtert die Wartung.

Änderungsunterlagen: dokumentieren den letzten Stand.

Technische Mitteilungen: enthalten Anwendungshinweise.

Besprechungsprotokolle: dokumentieren Entscheidungsprozesse.

Fehlerberichte, Vorschläge aus der Betriebsphase: für leichtere Handhabung und für Produktverbesserungen.

Formulare: erleichtern systematisches Arbeiten.

Zettelkasten: zum Projekt gehörende Notizen, die in keine Kategorie passen und hier formlos abzulegen sind.

Projektaktionen in Stichworten

- **Spezifikation** Hardware, Software
- **Systementwurf** Hardware, Software
- **MC-Auswahl**
- **Auswahl der übrigen Hardwarekomponenten**
- **Komponentenentwurf** Hardware, Software, Stromlaufpläne, Strukto- und Flußdiagramme, Impulsdiagramme, Komponentenspezifikation, Stücklisten
- **Realisieren** Prototyp, Programm (Codieren)
- **Hardware-Test** Modultest
- **Zusammenwirktest** zwischen Hardware und Software
- **Systemtest**
- **Erprobungsphase im Betrieb**

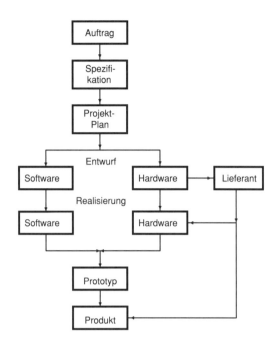

5.4 Problemanalyse

Das Ergebnis der Problemanalyse ist die Definition der Systemanforderungen und daraus abgeleitet die Systemspezifikation. Dieses Dokument schafft für alle Beteiligten die gemeinsame Basis.

Was, nicht wie

Die Versuchung ist für viele, besonders Anfänger, überstark, auf Probleme sofort mit Lösungsvorschlägen zu reagieren. Der Programmierer denkt gleich an die Realisierung in Programm-Modulen und fängt an, Befehle zu schreiben, der Entwickler zeichnet Schaltbilder und greift zum Lötkolben. Natürlich denkt man bei der Programmanalyse auch an Lösungskonzepte. Im zu erstellenden Dokument wird jedoch das Problem analysiert, nicht die Lösung. Das Dokument soll das Problem und seine unbedingten Bestandteile sowie die Randbedingungen beschreiben. Oft ist es auch sinnvoll anzumerken, was nicht dazugehört.

Die Analyse-Arbeit

Der erste wichtige Schritt der Problemanalyse ist herauszufinden, was der Kunde eigentlich will. Das ist nicht so überheblich gemeint, wie es vielleicht klingt. Meistens ist der Kunde nicht der kompetente MC-Fachmann, der die Einsatz- und die Entwicklungsmöglichkeiten selbst abschätzen kann. Andererseits ist der Analytiker normalerweise kein Fachmann auf dem speziellen Gebiet des Kunden. Viele Projekte scheiterten daran, daß weder Kunde noch Analytiker vom anderen lernen wollten.

1. Der Analytiker muß herausfinden, wer der Kunde ist und was er will. Der Kunde besteht normalerweise aus mehreren Personen: dem Geschäftsführer, dem zweiten Mann, dem Entwickler, dem Kaufmann, Marketing- und Vertriebsmann usw. Man kann nicht voraussetzen, daß diese Leute das gleiche meinen, die gleiche Sprache sprechen oder überhaupt miteinander über dieses Thema sprechen. Personen beim Kunden können ausscheiden. Wenn einem eventuellen Nachfolger das Produkt nicht gefällt, weil es mehr auf die Wünsche einer Person als auf eine Gewinnchance zugeschnitten ist, nützt es auch nichts, wenn es die Spezifikation voll erfüllt.

2. Oft sitzt der wichtigste Kunde gar nicht mit am Tisch: der Endbenutzer. Entwickelt man ein Programm am Endbenutzer vorbei, akzeptiert er es wahrscheinlich nicht. Es nützt nichts, wenn das Produkt alle Spezifikatio-

nen erfüllt, aber am Kunden, am Markt vorbei entwickelt wurde. Der Analytiker muß die Problematik des Produkts, des Endbenutzers und des Marktes kennenlernen. Hinweise auf die Marktsituation, technische Trends und Aktivitäten von Mitbewerbern liefern wichtiges, manchmal entscheidendes Hintergrundmaterial.

3. Der Analytiker ist dafür verantwortlich, daß im Systementwurf die Möglichkeiten des MC sinnvoll ausgeschöpft werden. Die Bedienung des Geräts, gleich ob durch den Menschen oder durch ein anderes System, sollte einfach und die Fertigung ökonomisch sein.

4. Oft kommen später Erweiterungs- und Änderungswünsche. Eine häufige Änderung ist die spätere Erweiterung. Es ist empfehlenswert, solche Erweiterungsmöglichkeiten frühzeitig zu diskutieren, damit man sich keine Wege verbaut.

Der Analytiker kann keine eigenen Marktstudien anfertigen. Er kann sie sich aber zeigen lassen, wenn es beim Kunden so etwas gibt. Er kann versuchen, sich ein eigenes Urteil zu bilden. Manche Kunden sind sehr zurückhaltend mit Auskünften über das, was sie wirklich vorhaben. Sie befürchten, vielleicht nicht ganz unbegründet, daß dies der Konkurrenz nützt, wenn sie ebenfalls ein Produkt entwickeln läßt. Über dieses Problem kann nur eine gewisse Vertrauensbasis hinweghelfen. Sie entsteht, wenn es gelingt, dem Kunden klarzumachen, welche Konsequenzen zurückgehaltene Informationen haben können. Die Systemspezifikation sollte so geschrieben sein, daß der Kunde, der Programmierer und der Entwickler sie verstehen. Sie sollte mit dem Kunden zusammen erarbeitet werden. So kann er sich nach und nach damit identifizieren. Das hier über den Kunden Gesagte gilt sinngemäß auch dann, wenn der Kunde eine andere Abteilung in der gleichen Firma ist.

5.5 Projektphasen

Der Projektlebenszyklus besteht aus folgenden Projektphasen:

- ❏ Definition
- ❏ Entwurf
- ❏ Realisierung
- ❏ Test
- ❏ Betrieb

Es gibt verschiedene Diagramme zur Darstellung der wesentlichen Projektschritte. Diese Diagramme schematisieren den Entwicklungsablauf, ersetzen jedoch nicht die Planung.

Definition

In der Definitionsphase wird:

- ❏ das Problem analysiert
- ❏ der Anforderungskatalog erarbeitet
- ❏ die Systemspezifikation erstellt
- ❏ der Projektplan erstellt

Je gründlicher Problemanalyse und Projektplan durchgeführt werden, um so reibungsloser ist das Projekt zu realisieren. Die Qualität des Projekts hängt entscheidend mit von der Qualität dieser Phase ab.

Entwurf

Aufgabe dieser Phase ist es, das System zu entwerfen und den Projektplan zu verfeinern. Aus der Problemspezifikation ist die Entwurfspezifikation weiterzuentwickeln. Sie beschreibt die Lösung der Aufgabe und ist Ausgangspunkt für die Entwicklungs- und Programmierarbeit. Der Entwurf entscheidet mit über die Qualität des Produkts. Es sind Entwurfsregeln und Richtlinien festzulegen und Testanforderungen für Entwicklung, Produktion und Wartung zu berücksichtigen.

Die Entwurfspezifikation enthält:

- Allgemeines Entwurfskonzept, eine kurze Beschreibung des Systems und seiner Schnittstellen.

- Entwurfsregeln und Normen. Für die Software bedeutet dies, welche standardisierten Vorgehensweisen einzuhalten sind. Top-Down-Methode, Modularität, strukturiertes Programmieren und einheitliche Dokumentation sind die wichtigsten.

- Für die Hardware gelten: Vermeiden analoger Komponenten, wenn es digital geht. Wenn möglich, keine Monoflops, synchrone statt asynchrone Schaltungskonzepte usw.

- Besondere Vereinbarungen, beispielsweise Qualitätsstandard, Störfestigkeit, externe Schnittstellen.

- Hardware-Entwurf: Die Hardware wird durch Blockdiagramme, Stromlaufpläne, Impulsdiagramme und Beschreibung erklärt. Bauelemente werden ausgewählt.

- Software-Entwurf: Er beschreibt das Programm, seine Module sowie Funktion und Schnittstellen der Module. Kritische Module werden besonders detaillierter beschrieben. Besonderer Sorgfalt ist bei der Beschreibung der Schnittstelle zur Hardware erforderlich.

- Da in MC-Systemen Speicherplatz meist beschränkt ist, sollte die Belegung von RAM und ROM in dieser Schrift festgelegt werden.

- Schnittstellen: Die Schnittstellen zwischen Hardware und Software sind ausführlich zu beschreiben.

- Testentwurf: Da Tests schon nach dem Codieren der ersten Module anfallen, sind sie ebenfalls im Entwurf vorzubereiten. Hardware-, Software- und Zusammenwirktests sind in Ihrer Zielsetzung, Hierarchie und Reihenfolge zu definieren. Es ist zu untersuchen, welche Tests in das System zu integrieren sind bzw. was für Anforderungen die Tests an das Design stellen. Das können besondere Anschlüsse für Testsignale oder per Software generierte Testsequenzen sein. Die Modultests werden nicht in diesem Entwurf berücksichtigt. Sie bleiben dem Programmierer überlassen.

- Wann immer es möglich ist, sind bereits existierende Programme und Schaltungen zu verwenden - vorausgesetzt, daß sie getestet, erprobt und dokumentiert sind.

- Prüffeld- und Wartungsbelange sind im Entwurf zu berücksichtigen. Dazu gehören Teststrategien, Testprogramme, Testdokumente, Entwurf und Auswahl geeigneter Testsysteme.

In die Entwurfsphase fallen meist verschiedene Aktivitäten. Es sind Modelle durchzuspielen und geeignete MC und andere Bauelemente auszuwählen. Zur Untersuchung spezieller Probleme können Benchmarks oder Messungen an Bausteinen erforderlich werden. Die Vorkalkulation des Produkts kann zeitraubende Verhandlungen mit den Lieferanten bedeuten. Lieferbarkeit und Unterstützung beim Einsatz der Bauelemente sowie der Entwicklungshilfsmittel durch den Hersteller sind zu prüfen. Eine telefonische Zusicherung ist dabei nicht ausreichend. Schriftliche Vereinbarungen und Referenzen sind erforderlich.

Realisierung

Die Schritte der Realisierungsphase sind:

- Detaillierter Entwurf
- Programm codieren
- Prototyp aufbauen
- Dokumentieren
- Testen

Detaillierter Entwurf

Die Entwurfsspezifikation ist Ausgangspunkt zum Detailentwurf. Der erste Schritt ist die Modulspezifikation. Entwurfs- und Modulspezifikation müssen widerspruchsfrei sein. Das zu erstellende Dokument ist vor der Realisierung zu erstellen. Schaltungen und Programme sollten frei von Tricks sein. Sie erschweren Verständnis, Test- und Änderbarkeit.

Prototypen

Da dieses Buch sich mehr mit dem Grundlagenverständnis der Hardware- und Software-Funktionen befaßt gehen wir nur kurz auf dieses Thema ein.

- Vor dem Aufbau sollte die Auswahl aller Bauelemente abgeschlossen sein.

- Auf Platine oder Experimentierboard sollte genug Platz für Änderungen freigehalten werden.

- Zweckmäßig ist es, bei Logikbausteinen einige Gates mehr vorzusehen und erst nach dem Test die Schaltung auf minimale Bausteinzahl zu optimieren.

- Es sind so viele Testpunkte wie sinnvoll vorzusehen.

- Muß das spätere System sehr klein sein, dann empfiehlt es sich, zwei Prototypen aufzubauen, den ersten zum Testen der Funktion, den zweiten, um die erforderlichen Abmessungen zu erreichen.

- Oft ist die Kopplung des Prototyps mit einem PC sinnvoll, weil der Test dann unmittelbar vom PC aus möglich sind. Der Zyklus: Assemblieren, Laden des Programms in die Testschaltung, Testen, Debugging und Ändern ist in einem Arbeitsgang möglich. Zur Kopplung an den PC bieten sich die serielle Schnittstelle, ein Dual Port RAM oder eine PC-ADDIN-Karte an.

5.6 Probleme

In diesem Abschnitt werden Probleme zusammengefaßt, die sich in MC-Projekten nur schwer abschätzen lassen. Sie führen oft zu Terminverschiebungen. Es geht hier nicht darum, jedes Problem und jede Eventualität vorauszuplanen, sondern ein Gefühl für die verschiedenen typischen Problemsituationen zu entwickeln.

Entwicklung Hardware

- Die Auswahl des geeigneten MC ist oft schwierig. Vorhandene Entwicklungssysteme und Erfahrungen schränken die Alternativen ein. Die ökonomische Bedeutung eines guten Simulators und Emulators wird oft zu spät erkannt.

- Legt man sich auf nicht voll unterstützte Produkte fest, können Ausfälle von Entwicklungswerkzeugen zu monatelangen Verzögerungen führen.

- Die Auswahl der übrigen Schaltungskomponenten ist ebenfalls nicht einfach. Die Wahl gut geeigneter, aber exotischer Bauelemente führt oft zu unsicheren Lieferzeiten und Preisen, besonders, wenn es keine Second Source gibt. Die Lieferfähigkeit ist vorher sicherzustellen.

- Die Zeit, um einen neuen MC, Emulator, Logikanalysator oder ein neues Entwicklungssystem zu beherrschen, ist oft viel länger als geplant. Der Test der Hardware erfordert meist eigene Testroutinen. Wenn der Entwickler damit nicht klarkommt, geht dies zu Lasten des Programmierers.

Entwicklung Software

Schnittstellen zur Hardware sind schwer zu emulieren, wenn Softwaremodule getestet werden sollen, die Hardware aber noch nicht verfügbar ist. Viele In-Circuit-Emulatoren arbeiten langsamer als der MC in der zu entwickelnden Schaltung. Der Test zeitkritischer Module kann dadurch aufwendig werden.

5.7 Hardware und Software

Der Zusammenwirktest neuentwickelter Hardware mit neuer Software führt zu schwer lokalisierbaren Fehlern, auch wenn die Teile vorher einzeln getestet wurden. Bei jedem Fehler ist zu bestimmen:

- Bausteinfehler
- Hardware-Verdrahtungsfehler
- Hardware-Designfehler
- Software-Programmierfehler
- Software-Designfehler
- Hardware-Software-Konflikt
- Interpretationsfehler der Spezifikation
- Meßfehler

Entwicklung und Test

- Gelegentlich stellt man beim Test fest, daß Entwickler und Programmierer die Entwurf-Spezifikation unterschiedlich interpretieren, im ungünstigsten Falle beide falsch. Diese Fehler zu finden und zu beheben ist sehr teuer. Ein gemeinsam durchgeführter Verifizierungsschritt nach der Fertigstellung der Entwurf-Spezifikation sollte dem vorbeugen.

- Tritt kein Fehler auf, ist das ein Grund, mißtrauisch zu werden. Man sollte dann die Testbemühungen verstärken. Es ist problemloser, erkannte Fehler zu beheben, als Fehler nicht zu erkennen.

- Werden Dokumente bei Änderungen nicht gleich aktualisiert (Updating), werden teure Fehlleistungen programmiert. Dokumente müssen immer den aktuellen Systemstatus darstellen.

- Fehlende Detailentwürfe führen zu mehreren Problemen:

    - Der Entwicklungsfortschritt läßt sich nur schwer kontrollieren.
    - Es ist immer besser, planmäßig vorzugehen.
    - Verläßt ein Entwickler oder Programmierer plötzlich das Projekt, kann man mit einer guten Detailspezifikation mehr anfangen als mit einer schlecht oder nicht dokumentiert angefangenen Arbeit.

- Die für das Prüffeld erforderlichen Entwicklungsmaßnahmen werden gerne an das Ende der Entwicklung geschoben. Ist dann der Termin da, fehlt es dann oft an den zur Weiterarbeit erforderlichen Voraussetzungen. Terminverschiebungen sind die Folge.

Fertigung und Prüffeld

- Hat der Entwickler die Anforderungen des Prüffelds vernachlässigt, kommt es zu erheblichen Verzögerungen. Tests für das Prüffeld sind anders zu konzipieren als für die Entwicklung. In der Entwicklung sollten Fehler in einem Produkt gefunden werden, das noch nicht funktioniert hat.

- Im Prüffeld soll ein System getestet werden, das nur noch Baustein- oder Fertigungsfehler aufweist; so sollte es wenigstens sein. In der Praxis werden noch nach Jahren Designfehler gefunden.

- Schwerpunkte für den Prüffeldtest sind kurze Testzeiten und aussagefähige Fehlermeldungen. In eine automatische Fehlerdiagnose ist viel zu investieren.

- Entwicklungssysteme eignen sich normalerweise nicht für das Prüffeld. Geeignete Prüfvorrichtungen und -geräte sind frühzeitig zu entwickeln oder zu bestellen. Testpunkte und Testadapter sind vorzusehen.

- Programmierzeiten für neue Prüfgeräte, besonders bei ungeübtem Personal, sind wegen der Lernphase sehr zeitaufwendig.

- Bausteine mit langer Lieferzeit sind rechtzeitig zu bestellen. Stücklisten sind deshalb so früh wie möglich an den Einkauf zu geben - eventuell auch Hinweise auf besonders kritische Teile.

- Besondere Qualitätsspezifikationen können ein Burn-in der Bausteine und/oder Geräte erfordern. Entsprechendes Gerät muß verfügbar sein. In der Anfangsphase sind dann zusätzliche Tests erforderlich, damit man Fehlerkurven auswerten und dadurch zu einer optimalen Teststrategie kommen kann.

- Je weniger Erfahrung im Prüffeld vorliegt, um so mehr ist in der Anfangszeit die Entwicklung als Hilfe erforderlich.

5.8 Betrieb und Wartung

Die Erfordernisse für Betrieb und Wartung sind früh einzuplanen:

- Training des Verkaufs- und Wartungspersonals ist zeitaufwendig, wenn wenig oder keine MC-Erfahrung vorliegt. Deshalb sind diese Schulungsmaßnahmen gründlich und langfristig zu planen.

- Für Kunden und Wartung muß oft eine Telefonberatung fest installiert sein.

Projekte

- Schnelle Reparatur oder schneller Austausch bei defekten Systemen ist unbedingt anzustreben. Es sind genügend Ersatzsysteme einzuplanen.

- Treten in der Betriebsphase gravierende Designfehler auf, sind sie schnell zu beheben.

- Rückmeldungen vom Kunden sind zu sammeln, zu ordnen und auszuwerten.

- Die Dokumentation für die Wartung muß auf die Probleme der Wartung zugeschnitten sein. Entwicklungsunterlagen sind dazu nur selten geeignet. Die Unterlagen müssen immer die letzte Systemversion enthalten.

- Das System muß im Betrieb schnell und aussagekräftig zu testen sein. Es muß bekannt sein, was Diagnostikprogramme prüfen und was nicht.

5.9 Mikrocontroller-bedingte Besonderheiten

Dem Vorteil überschaubarer Programm- und Projektgröße, meist kleiner als 4, 8 oder 16 Kbyte, stehen einige Nachteile gegenüber:

- In kostenkritischen Applikationen wird überwiegend im Assembler programmiert. Der Grund liegt im Zwang zu kostenoptimalen Systemlösungen. Sie sind Voraussetzung für gute Marktchancen, Markdurchdringung und Gewinnspannen. Auch die Programmsprache C51 produziert oft für viele Anwendungen mehr Maschinencode als nötig, sie erlaubt jedoch oft schnelleres Programmieren. Im Einzelfall sind die Vor- und Nachteile gegeneinander abzuwägen.

- Der vorgegebene Speicherbereich (RAM und ROM) oder kritische Zeitanforderungen zwingen oft zum Optimieren. Das verletzt regelmäßig die Prinzipien der "Strukturierten Programmierung". Deshalb ist dabei eine besonders sorgfältige Planung, Durchführung, Kontrolle und Dokumentation wichtig.

- Beim Einsatz von ROM-Versionen entstehen nach der Programmfreigabe einige Wochen oder Monate Zeitverlust und es entstehen einige tausend DM Maskenkosten, bis die ersten Muster vorliegen. Dann erst gefundene Fehler kosten zusätzlich Zeit und Geld. Wiederholungen dieser Prozedur kann man sich normalerweise nicht leisten.

- Fehler in Mikroprozessorsystemen lassen sich durch den unmittelbaren Zugriff auf Adreß-, Daten- und Steuerbus leicht einkreisen. Der Programmstatus ist nach außen transparent. Beim MC als Ein-Chip-System spielt sich dies weitgehend unsichtbar ab. Es stehen dann nur die Eingabe-/Ausgabeleitungen zur Verfügung. Außerdem verbietet oft der beschränkte Speicherplatz eigene Testprogramme. Emulatoren und Simulatoren stellen die für die Testphase erforderlichen Werkzeuge zur Verfügung.

5.10 Testen und Fehler suchen

Meist entfallen mehr als 50 Prozent der Kosten und Zeit eines Projekts auf die Testphase. Bei der Systemprogrammentwicklung rechnet man für den Test mit etwa dreimal soviel Aufwand wie für die Programmierung erforderlich ist. Die Bedeutung der Testphase liegt in den Auswirkungen erst spät erkannter Fehler. Die dadurch verursachten Kosten sind um so höher, je später Fehler entdeckt werden. Die Folgekosten können, auch bei MC-Projekten, in die Millionen gehen. Selbst Fehler in den ersten Mustern bedeuten neue Masken und, oft noch gravierender, einige Monate Zeitverlust.

Psychologische Randbedingungen

Empfehlungen zu den psychologischen Randbedingungen werden oft als persönliche Ansicht abgetan, besonders wenn sie dem eigenen Arbeitsstil widersprechen. Trotzdem sollten sie ernst genommen werden, denn sie sind hinreichend untersucht und ihre Ergebnisse sind gesichert.

In gründliche Tests ist sehr viel Arbeit zu investieren, meist mehr als in die Programmentwicklung. Einer Arbeit, die dazu dient, eigene Fehler nachzuweisen, stehen erhebliche psychologische Hemmnisse entgegen. Jeder, der schon eigene Texte korrigierte, weiß dies. Nach G. J. Myers ist Testen 'ein Prozeß, ein Programm mit der Absicht auszuführen, Fehler zu finden'. Diese Definition richtet die Aktivität auf das zentrale Ziel. Andere Definitionen, etwa, das Programm sollte das tun, was man von ihm erwarte, sind zu eng gefaßt. Nach diesem Gesichtspunkt ausgesuchte Testdaten werden unbewußt so ausgewählt, daß sie das Erwartete bestätigen. Es wird auch leicht übersehen, daß das Programm nicht nur das tut, was es tun soll, sondern auch etwas tun kann, das es nicht tun soll. Entsprechend der gegebenen Definition des Testens hängt der Testerfolg von der Anzahl gefundener Fehler ab.

Die Fehlerfreiheit eines Programms, selbst eines trivialen, ist normalerweise nicht nachweisbar. Deshalb ist der Nachweis der Fehlerfreiheit eine ungeeignete Zielsetzung. Die Konsequenz dieser Einsicht liegt in der vernünftigen Aufwandsplanung. Es ist in einer vertretbaren Zeit ein Maximum an Fehlern zu finden.

Folgende Prinzipien sind empfehlenswert: Ein Programmierer sollte nicht sein eigenes Programm testen. Zu den psychologischen Problemen kommen vielleicht noch das falsche Problemverständnis oder die falsche Interpretation der Programmspezifikation hinzu, was beim Test dann ebenfalls leicht übersehen wird. In der MC-Entwicklungspraxis stößt dies auf Schwierigkeiten, da oft Einzelpersonen oder kleine Teams die relativ überschaubaren Projekte durchführen.

Ratschläge zum Testen

Für jeden Testfall sind die Eingabedaten und das erwartete Ergebnis zu beschreiben.

- ❏ Testergebnisse sind genau zu überprüfen und auszuwerten. Oft sieht das Auge, was es sehen will bzw. zu sehen erwartet, und übersieht dabei wichtige Details.

- ❏ Es sind Tests für gültige (erwartete) und ungültige (unerwartete) Eingabedaten erforderlich.
- ❏ Die Testfälle sind aufzuheben, weil sie nach Fehlerkorrekturen wiederholt werden müssen.

- ❏ Die Zahl der gefundenen Fehler in der Hardware und Software läßt auf die Zahl noch unentdeckter Fehler schließen.

In der Testpraxis haben sich einige Vorgehensweisen als besonders erfolgreich bewährt. Prinzipiell sind sie in der MC-Praxis ebenfalls anwendbar.

Code-Inspektion

☐ Mit diesem von G. M. Weinberg zuerst vorgeschlagenen Verfahren sollen zwischen 30 und 70 Prozent der vermuteten Fehler zu finden sein.

☐ Üblich sind drei bis vier Teilnehmer: ein Moderator, der Autor und ein Testspezialist. Der Moderator organisiert das Treffen, protokolliert die gefundenen Fehler und kontrolliert später die Korrektur. Das Programmlisting wird einige Tage vor der Inspektion an die Teilnehmer verteilt. Während der Inspektion trägt der Autor das Programm Anweisung für Anweisung vor und erklärt die Programmlogik. Die Teilnehmer stellen dann Fragen. Anschließend wird eine Checkliste durchgegangen, damit häufig vorkommende Fehler und Schwachpunkte aufgedeckt werden. Die Inspektion soll etwa 90 bis 120 Minuten dauern.

☐ Erfahrungsgemäß findet der Programmierer beim Vortrag selbst die meisten Fehler. Er führt die Fehlerkorrekturen nach der Inspektion durch.

Walk Through

☐ Dies ist ein ähnliches Verfahren wie die Code-Inspektion. Der Unterschied besteht darin, daß die Teilnehmer mit zuvor ausgesuchten Testdaten das Programm durchspielen.

Es ist klar, daß diese empfehlenswerten Verfahren in kleinen Firmen nur selten durchführbar sind. Trotzdem sollte man sich etwas ausdenken, um zu einem guten Programmtest zu kommen. Eventuell ist hier Unterstützung durch eine Fremdfirma möglich.

Schreibtischtest

☐ Sie ist die älteste und häufigste Testmethode, da sie vom Programmierer selbst durchgeführt werden kann. Sie ist nicht so gut wie die oben genannten Verfahren, aber immer noch viel besser als keine Methode. Noch besser ist es, das Programm durch einen Kollegen auf diese Weise testen zu lassen.

Datenreferenz

☐ Nachweis, daß ein aufgerufenes Datenfeld auch einen Wert hat, richtig vorbesetzt ist.

☐ Nachweis, daß Bereiche von Indexvariablen benötigt und nicht überschritten werden.

☐ Nachweis, daß Bereiche von Listenvariablen nicht überschritten werden (RAM-/ROM-Bereichsüberschreitungen).

Berechnungsfehler

☐ Divisor = 0
☐ Bereichsüberschreitungen?
☐ Konvertierungs- und Rundungsfehler?

Schleifenvariable

- ☐ Stimmen Abbruchkriterien?
- ☐ Wird eine Schleife einmal zuviel oder zuwenig durchlaufen?
- ☐ Vergleiche <, >, =, Logische Variable?
- ☐ Stimmt die Reihenfolge der Vergleiche?

Eingabe und Ausgabe

- ☐ Zeitkonflikte?
- ☐ Interrupt-Konflikte?
- ☐ Tasten entprellen?
- ☐ Wandlungszeiten?

Programmhandhabung

- ☐ Stack-Überlauf?
- ☐ Attribute richtig gesetzt?
- ☐ Assembler- und Linker-Anweisungen?

Behandlung der Eingabefehler

- ☐ Werden alle denkbaren Eingabefehler geprüft?
- ☐ Wird eine dem Fehler entsprechende Meldung ausgegeben?
- ☐ Wird nach dem Fehler richtig fortgefahren bzw. abgebrochen?

Entwurf von Testfällen

Welche Untermenge aller Testfälle bietet die größte Wahrscheinlichkeit, möglichst viele Fehler zu finden?

- ☐ Es sind alle Befehle zu durchlaufen.
- ☐ Es sind alle Entscheidungen zu erfassen.
- ☐ Die gültigen und ungültigen Eingangsdatenbereiche sind zu testen.
- ☐ Grenzwerte und Grenzwerte + und - 1 sind zu berücksichtigen.
- ☐ Fehlererwartungen sind zu definieren.

Das folgende Schema dient zum Aufbereiten von Testausgangsdaten.

?	ist	ist nicht
was		
wo		
wann		
in welchem Bereich		

Programmtest, Modultest

Je komplexer das Programm, um so kleiner sollte der Testabschnitt sein. Sinnvollerweise testet man die Module auf der untersten Programmebene zuerst, meist Ein- und Ausgabetreiber. Zum Test der Module ist normalerweise ein Testrahmen zu erstellen. Dies ist ein kleines Programm, das für das zu testende Modul die vorausgehenden, noch nicht existenten Module simuliert, indem es die erwarteten Daten zur Verfügung stellt (z. B. von einer Testdatei einliest). Beim Test der nächsten Module sind die schon getesteten mit hinzuzuziehen. Diese testen dann auch die Schnittstellen zwischen den Modulen.

In einem gut strukturierten Programm besteht der Hauptteil vorwiegend aus Modulaufrufen, die der Reihe nach abgearbeitet werden, etwa EINGABE, VERARBEITUNG, AUSGABE. Man wird hier zuerst AUSGABE, dann VERARBEITUNG und zuletzt EINGABE testen. Der Vorteil dabei ist, daß das Ergebnis des Ausgabemoduls leichter zu überprüfen ist, da ja spezifizierte Ergebnisse erwartet werden. Beim Testen der späteren Module stellt das Ausgabeprogramm dann die Testergebnisse in der erwarteten Form dar. Angenommen, ein Programm soll graphisch darstellbare Aufgaben berechnen (Kreise, Strecken usw.), dann kann ein Ausgabeprogramm die Ergebnisse, z. B. auf dem Bildschirm, besser darstellen als eine Liste ausgegebener Zahlen. In der Praxis sind die Programme meist komplexer. Im Prinzip läuft der Test jedoch entsprechend ab.

Eine weitere sinnvolle Vorgehensweisen ist, innerhalb der Module Programmteile für Testzwecke einzufügen, wie die Ausgabe eines interessanten RAM-Bereichs mit Zwischenergebnissen oder Diagramme. Das Bild und die entsprechenden Berechnungsparameter sind eine gute Kontrolle.

5.11 Fehlersuche und Fehlerbehebung in Programmen

Die Fehlersuche ist die am wenigsten geliebte und die anstrengendste Tätigkeit in der Software-Entwicklung. Sie hemmt den Projektfortschritt auf unangenehme Weise und zwingt dazu, sich mit den eigenen Unzulänglichkeiten zu befassen. Im Zusammenwirktest ist die Lokalisierung der Fehler besonders schwierig.

Fehlersuchverfahren

Die sinnvollste Methode, Fehler zu suchen, ist Nachdenken und Hilfsmittel gezielt einsetzen.

- ❏ Sammeln und Ordnen von Informationen. Waren die Testfälle gut angelegt, müßte die sorgfältige Auswertung der Testdaten hinreichend Rückschlüsse auf die Fehlerursachen erlauben.

- ❏ Aufstellen einer Hypothese. Ist dies noch nicht möglich, sind zusätzliche Testfälle zu planen, um die Informationsbasis zu verbreitern.

- ❏ Beweisen der Hypothese. Oft läßt die Hypothese sich nicht verifizieren und es ist eine weitere zu suchen. Die Schritte wiederholen sich so lange, bis der Fehler gefunden ist.

Fehlersuche durch Zurückverfolgen

Die Programmlogik wird hierbei von der unkorrekten Ausgabe schrittweise zurückverfolgt, bis der Fehler lokalisiert ist.

Fehlersuche durch Testen

Tests zum Eingrenzen der Ursache eines bekannten Fehlers unterscheiden sich von Tests zur Suche nach unbekannten Fehlern. Tests zur Fehlersuche dienen dazu, aufgestellte Hypothesen zu falsifizieren bzw. zu verifizieren, oder sie variieren die Testdaten, um Material für eine fruchtbare Hypothese zu gewinnen.

Die Verfügbarkeit von Entwicklungssystemen verleitet oft dazu, die gedankliche Arbeit zu vernachlässigen und gleich mit Traces, Speicherabzügen (Dumps) und Breakpoints dem Programm zu Leibe zu rücken. Davon ist abzuraten. Die Verwendung dieser Hilfsmittel ist nur beim überlegten und gezielten Einsatz ökonomisch.

Ratschläge zur Fehlersuche

Für die Fehlersuche sollte man besondere Arbeitstechniken entwickeln.

- ☐ Die gedankliche Analyse ist die ökonomische Suchmethode.

- ☐ Können Sie den Fehler nicht in einer vernünftigen Zeit finden, überschlafen Sie die Sache. Bekanntlich arbeitet das Unterbewußtsein für Sie weiter.

- ☐ Das Problem einem guten Zuhörer zu schildern, schafft oft die Voraussetzung zur Einsicht in die Lösung des Problems.

- ☐ Änderungen am Programm zur Eingrenzung des Fehlers sollten nur ein allerletztes Hilfsmittel sein.

Fehlerkorrektur

Die Korrektur von Fehlern ist eine der heikelsten Aufgaben.

- ☐ Bei der Fehlerkorrektur sollte man sich in die Designphase zurückversetzen.

- ☐ Wo ein größerer Fehler ist, befinden sich aller Wahrscheinlichkeit nach noch mehr Fehler. Man sollte danach suchen.

- ☐ Korrekturen sind wesentlich fehleranfälliger, als der ursprüngliche Programmcode.

- ☐ Die Fehlerkorrektur ist zu dokumentieren, Auswirkungen auf die Programmdokumentation sind sofort aufzuarbeiten.

Systemtest

Sind die einzelnen Module getestet, beginnt der Systemtest. Dabei ist davon auszugehen, daß Fehler in jeder Systemphase auftreten können und auftreten. Deshalb ist nach jedem Projektabschnitt ein Verifizierungsschritt einzufügen. Diese Verifizierungsschritte beziehen sich auf ganz bestimmte, für den Abschnitt typische Fehlerklassen. Ein Systemtest setzt eine verwertbare Leistungsbeschreibung des Systems voraus. Aufgabe des Tests ist dann der Beweis der Nichtübereinstimmung der Beschreibung mit dem System.

Fehlersuche und Fehlerbehebung in der Hardware

Für die prinzipielle Vorgehensweise gelten die gleichen Gesichtspunkte wie bei der Fehlersuche und -behebung in der Software. Die wesentlichen Unterschiede sind:

- ☐ Die Software läuft sequentiell ab (Ausnahmen sind Multi-Controller-Systeme), die Hardware arbeitet parallel und sequentiell.

- ☐ Während beim Software-Test ohne Anwender-Hardware (Simulation) nur Logik- und Zeitfehler auftreten können, kommen beim Hardware-Test zusätzliche durch den Aufbau bedingte Fehler vor. Zudem treten Baustein-, Temperatur-, Frequenz- und Störungsfehler auf. Sporadische auftretende Fehler sind am schwiergsten zu lokalisieren..

- ☐ Die wichtigsten Werkzeuge zur Fehlersuche sind Oszillograph, Logikanalysator, Emulator, Simulator und Debugger.

5.12 Allgemeine Aspekte

Allgemeine Aspekte sind

- Wechselwirkungen
- Änderungen
- Qualität und Zuverlässigkeit

Wechselwirkungen

Eine wesentliche Ursache für die vielen Mißerfolge ist wohl die unterschätzte Komplexität. Ein System besteht aus einzelnen Teilen, die sich gegenseitig beeinflussen. Die Zahl der möglichen Beeinflussungen nimmt mit der Zahl der Teile stark zu. Das nächste Bild zeigt die Zunahme der möglichen Wechselwirkungen mit der Zunahme der Faktoren. Das MC-Projekt in der Entwicklungsphase ist ein System und das MC-Produkt im Betrieb ein anderes. Die folgenden Bilder geben eine Vorstellung davon, welche Faktoren sich gegenseitig bei einem Entwicklungsprojekt und bei einem Produkt in der Betriebsphase beeinflussen können. Die Zusammenhänge sind in Wirklichkeit viel komplexer, die Zahl der Teile größer, und es leuchtet ein, daß man ohne Systematik verloren ist.

Änderungen

Änderungen sind in jedem Projekt unausweichlich, man muß mit ihnen rechnen. Sie können in jeder Projektphase vorkommen und in jede Projektphase hineinwirken. Der Projektplan kann noch so gut sein, in der Praxis geht es selten nach Plan. Allerdings, planlos geht es gar nicht.

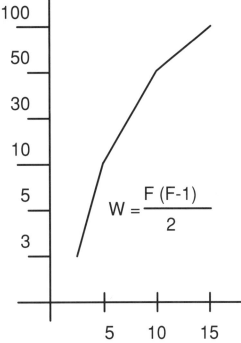

Y-Achse = Wechselwirkungen, X-Achse = Faktoren

$$W = \frac{F(F-1)}{2}$$

Es ändern sich:

- Die Voraussetzungen, wenn neue Marktsituationen auftreten oder zusätzliche Anforderungen nachträglich unbedingt zu realisieren sind.

- Nur selten ist der erste Entwurf der beste. Je tiefer man in die Materie eindringt, um so wahrscheinlicher sind Verbesserungsvorschläge und damit Änderungen.

- Die technischen Voraussetzungen bleiben nicht konstant. Bausteine werden nicht mehr geliefert oder nur noch mit anderen Spezifikationen. Neue, preiswertere und bessere Bausteine kommen auf den Markt.

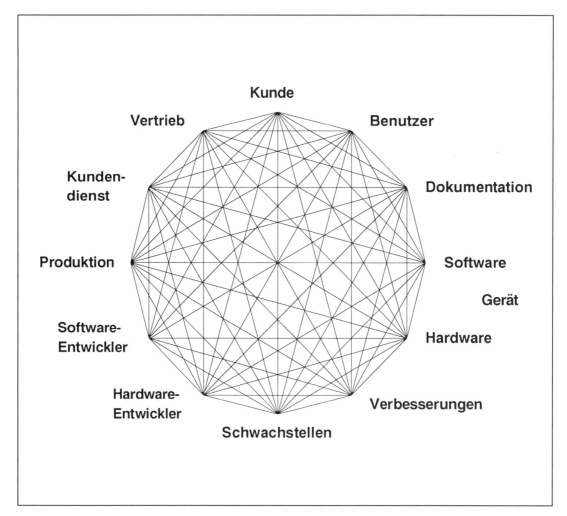

Gegenseitige Beeinflussungen

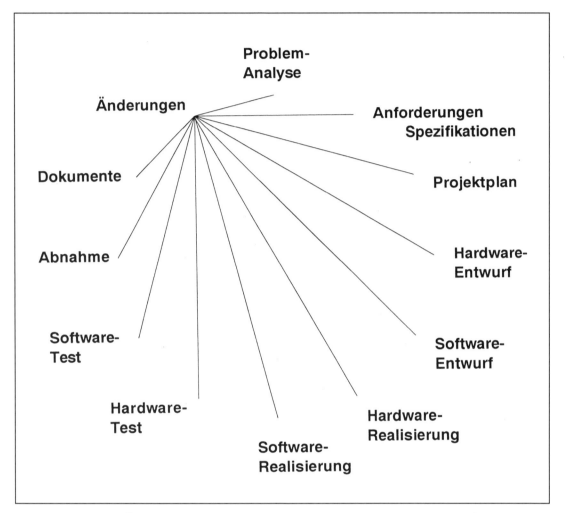

Auswirkungen von Änderungen

Neue Fertigungsverfahren erfordern neue Prüftechniken, die im Design zu berücksichtigen sind.

- Die personelle Zusammensetzung des Teams kann sich ändern.

- Fast jede Änderung führt zu einer Änderung der ursprünglichen Aufwands- und Zeiteinschätzung.

- Jede Änderung führt zur Änderung der Dokumentation.

- Änderungen sind außerordentlich fehleranfällig.

Wichtig bei jeder Änderung sind die Auswirkungen auf alle anderen Projektphasen. Deshalb ist schon in der Definitionsphase die Handhabung der Änderungstechnik zu überlegen.

Änderungskontrolle

Bei jeder beabsichtigten Änderung ist die Widerspruchsfreiheit zwischen einzuführender Änderung und Problem- und Entwurfsspezifikation zu prüfen. Änderungen im Detail betreffen normalerweise nicht die Grundlagen und bedürfen dann auch nicht der Kontrolle. Jede Änderung ist zu dokumentieren und mit einer Identifikationsnummer zu versehen. Daß nach einer Änderung alle betroffenen Dokumente zu korrigieren sind, sollte selbstverständlich sein. Ebenso die Änderungsvermerke auf den Dokumenten. Meinungsverschiedenheiten gibt es oft darüber, ob eine Änderung eine neue zusätzliche Eigenschaft des Produkts darstellt und vom Kunden bezahlt werden muß, oder ob sie selbstverständlicher Bestandteil der ursprünglichen Spezifikation ist. Konflikte sind nur zu vermeiden, wenn vorher klare schriftliche Abmachungen über diesen Punkt getroffen wurden.

Zeit- und Aufwandsschätzungen

Zeit- und Aufwandsschätzungen sind um so unsicherer, je weniger Erfahrung mit in Größenordnung und Art vergleichbaren Projekten vorliegt. Mangelnde Erfahrung ist eine der häufigsten Ursachen für gescheiterte Projekte. Deshalb sollte zuerst der Mangel an Erfahrung für das aktuelle Projekt geschätzt werden. Das geht nur durch das Studium vergleichbarer Projekte bzw. durch Konsultation entsprechend erfahrener Leute. Es gibt kein Verfahren für das genaue Schätzen von Zeitbedarf und Mittelaufwand eines Projekts. Je umfangreicher ein Produkt voraussichtlich wird und je länger die Durchführung voraussichtlich dauert, um so schwieriger werden Schätzungen. Auch sie sind also Änderungen unterworfen.

Schrittweises Vorgehen

- Es ist zwischen der voraussichtlichen Produktgröße (Zahl der erforderlichen Bausteine und Programmgröße in Kbyte) und dem erforderlichen Entwicklungsaufwand zu unterscheiden. Beides ist getrennt zu schätzen.

- Die Leistungsfähigkeit eines Entwicklungssystems, das man beherrscht, läßt sich abschätzen. Die Produktivität hängt auch von der Aufgabenverteilung im Team und von der Erfahrung mit ähnlichen Projekten ab. Zu berücksichtigen ist, inwieweit neue MC, Entwicklungssysteme und Meßgeräte die Einarbeitungszeit verlängern. Urlaube, Feiertage und durchschnittliche Krankheitszeiten sind ebenfalls einzuplanen.

❏ Der maschinelle Aufwand ist schwer zu schätzen, die Verfügbarkeit der Maschinen ist zu prüfen.

❏ Weitere Kostenfaktoren sind Reisen, Tagessätze für Arbeiten beim Kunden und Schulungsmaßnahmen.

❏ Daß die Anlaufzeit in der Fertigung und im Prüffeld - nach Abschluß der Entwicklung - Programmierer und Entwickler noch einige Zeit beschäftigt, wird oft vergessen.

❏ Für unvorhergesehene Ereignisse ist ein besonderer Aufschlag vorzusehen; Mitarbeiter kündigen, werden krank, müssen zum Militärdienst usw.

Kosten und Termine

Faktoren, die die Kosten und Termine beeinflussen, sind:

❏ Risiken beim Einsatz neuer Produkte
❏ Einarbeiten in neue MC-Typen
❏ neue Entwicklungssysteme und Meßgeräte
❏ wenig oder keine Erfahrung mit den Hardware-Bausteinen
❏ wenig oder keine Erfahrung mit den Störsituationen
❏ neue Techniken, z. B. CMOS
❏ ungenügende Unterstützung durch Baustein- und Gerätehersteller
❏ eingeschränkte Emulationsmöglichkeit

Im Verlauf der Entwicklung sollte die Schätzung mehrmals kontrolliert werden. Der nächste günstige Zeitpunkt hierzu ist nach der Entwurfsphase. Es liegen dann genauere Daten und Anhaltspunkte vor. Wenn zu niedrig geschätzt wurde, kann es Probleme geben. Am besten versucht man, im Vertrag die erforderliche Vorgehensweise vorab zu klären.

Das Problem einer guten Schätzung liegt darin, daß sie eine gute Projekttechnik voraussetzt. Gut definierte Meilensteine, gut definierte Schnittstellen, bewährte Programmier- und Entwicklungstechniken, angemessene Dokumentation usw. machen Schätzungen gut!

Meilensteine

Je genauer die Aufwands- und Zeitschätzung ausfällt, um so genauer läßt sich der Projektfortschritt prüfen. Kontrollmarken hierzu sind Meilensteine. Sie kennzeichnen den Abschluß wichtiger Projektabschnitte. Meilensteine sollen nicht zu weit auseinander liegen, damit rechtzeitig Hilfsmaßnahmen eingeleitet werden können, wenn sie gefährdet sind. Sie sollten auch nicht zu nahe beieinander liegen, damit sie noch als besondere Ereignisse empfunden werden. Zwei Wochen ist ein guter Durchschnitt.

Der Meilenstein soll das Erreichen eines meßbaren Ziels markieren. Test zu 50 Prozent abgeschlossen, ist kein meßbares Ziel. Programmmodul X codiert, Dokument Y erstellt, Programmodul Z getestet, sind gute Meilenstein.

Unterstützung

Die Unterstützung eines Baustein- und Entwicklungsprogrammherstellers durch Beratung, gute Unterlagen, Applikationsbeispiele und Entwicklungssysteme beeinflußt den Projektverlauf positiv. Die Qualität der Entwicklungswerkzeuge - die Beratung gehört dazu - ist mitbestimmend für die Qualität des Projekts und damit die des Produkts. Es ist wichtig, sich klarzumachen, auf welchen Gebieten noch keine Erfahrungen vorliegen, ob man sie sich selbst aneignen muß oder woher sie zu bekommen sind. Ein oder zwei Tage in einer

Fachbibliothek können wertvolle Hinweise für die anstehenden Probleme geben.

Der Hardware- und Software-Test beginnt nicht nach Abschluß der entsprechenden Realisierungsphase, sondern nachdem Komponenten oder Module des Systems fertiggestellt sind. Dabei benötigt die Hardware oft Softwaretreiberprogramme und die Software entsprechende Hardware. Wenn in dieser Phase noch Probleme mit unausgereiften Produkten oder Systemen hinzukommen, bleiben die Termine auf der Strecke.

Wartbarkeit

Der Begriff Wartung wird für zwei verschiedene Tätigkeiten verwendet:

- Instandhaltung eines Systems bzw. Wiederinstandsetzung bei Systemausfall
- Ändern eines Systems

Instandhaltung bzw. Instandsetzung bedeutet bei kleineren Systemen den Austausch des Geräts oder Moduls. Zunehmend sind solche Module nicht mehr ökonomisch reparierbar. Die Stückkosten liegen unter den Reparaturkosten.

Änderungen bedeuten Eingriffe in die Hardware und/oder Software des beim Kunden installierten MC-Systems zu einem späteren Zeitpunkt. Die Gründe für diese Änderungen sind vielfältig. Die wichtigsten sind:

- Beheben von Fehlern
- Verbesserungen
- Erweiterungen
- Umstellen auf preiswertere Bausteine
- Umstellen auf Bausteine mit besseren Eigenschaften
- Umstellen auf eine neue Technik

Diese Änderungen nehmen unter Umständen Entwickler vor, die das System nicht kennen. Deshalb ist dazu eine geeignete Dokumentation Voraussetzung. Geeignete Dokumentation bedeutet nicht unbedingt viel Dokumentation. Viele Dokumente sind teuer zu erstellen, auf dem laufenden zu halten und teuer im Gebrauch.

Eine weitere Voraussetzung ist die Verwendung standardisierter Entwurfs- und Dokumentationsregeln wie "Top-down-Entwurf" und "Strukturiertes Programmieren". Je einheitlicher das Dokumentationsbild, je klarer und übersichtlicher die Beschreibung, um so leichter kann sich jemand schnell einarbeiten und die Auswirkungen von Änderungen übersehen.

Für die Wartung sollten besondere Testwerkzeuge verfügbar sein. Dies gilt für Hardware und Software. Der Test nach einer Reparatur oder Änderung muß die ursprüngliche Funktionsfähigkeit des Systems nachweisen.

Nach einer Entwicklung gibt es oft Ideen und Vorschläge, was beim nächsten Mal besser zu machen wäre. Solche Gedanken, aber auch entsprechende Rückmeldungen aus der Betriebsphase, sind zu dokumentieren. Sie können bei späteren Modifikationen sehr wertvoll sein.

Qualität und Zuverlässigkeit

Qualität und Zuverlässigkeit jeder Projektphase entscheiden über den Produkterfolg. **Qualität** ist nach DIN 55350, Teil 11 "die Gesamtheit von Eigenschaften und Merkmalen eines Produkts oder einer Tätigkeit, die sich auf deren Eignung zur Erfüllung gegebener Erfordernisse beziehen". **Zuverlässigkeit** ist die Wahrscheinlichkeit, mit der ein erwartetes Ereignis eintritt.

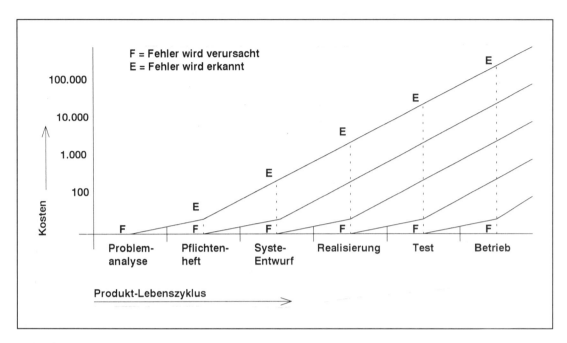

Fehlerkosten im Produktionszyklus

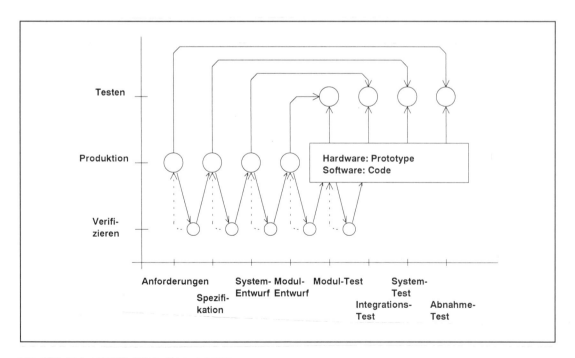

Verifikationen in der Entwiklungsphase

Dieser Qualitätsbegriff ist nicht nur auf das Produkt zu beziehen. Vielmehr gilt er auch für alle Tätigkeiten, die zur Entstehung des Produkts beitragen. So wird ein Programm wohl kaum einem hohen Qualitätsstandard gerecht, wenn bei der Programmkonzeption unsauber gearbeitet wurde.

Je früher ein Fehler im Produktlebenszyklus verursacht und je später er erkannt wird, um so teurer ist seine Korrektur.

Diese Gesetzmäßigkeit führte zwangsläufig zu Verfahren, mit denen Fehler so früh wie möglich erkannt und behoben werden können. Die empfohlenen Vorgehensweisen dazu sind:

❐ Sorgfältiger Entwicklungsprozeß
❐ Verifizieren nach jedem Entwicklungsschritt
❐ Auf jeden Entwicklungsschritt angepaßtes Testverfahren

In der Verifikation wird das Ergebnis der aktuellen Entwicklungsphase mit den Zielvorstellungen verglichen. Beispielsweise wird Softwarecode durch Codeinspektionen bzw. Walk Through verifiziert.

Dem Entwickler muß schon in der Entwurfphase klar sein, wie sich die von ihm vorgesehenen Bauelemente unter den geplanten Einsatzbedingungen verhalten. Dazu benötigt er Informationen der Hersteller über die elektrischen und klimatischen Belastungsgrenzwerte und Daten über Zuverlässigkeit, Lebensdauer, Störbelastbarkeit und Anlieferqualität.

Kapitel 6
Wie geht es weiter?

6 Wie geht es weiter?

Wenn Sie nun die Grundlagen verstehen und darauf brennen praktische Erfahrungen zu sammeln, so können wir Ihnen weiterführende Hilfsmittel anbieten. Das nebenstehende Bild gibt dazu ein Überlick; anschließend gehen wir ausführlicher darauf ein. Zu einem Projekt gehören Hardware und Software. Da die Mikrocontroller die unterschiedlichsten Peripheriekomponenten enthalten, ist der Hardware-Aufbau weitgehend standardisiert. Es werden die unterschiedlichsten fertigen Platinen mit Controllersystemen angeboten. Deshalb ist es zumindest für die Entwurfs- und Testphase naheliegend, sich auf fertige Produkte zu beziehen.

Wir empfehlen dazu für die Prototypenentwicklung in den Personalcomputer zu steckende Mikrocontroller-Systemkarten (PC-ADDIN-Karten), da diese und die darauf ablauffähige Software über den PC unmittelbar zu testen ist.

Software

Assemblieren

Hat man ein Programm konzipiert und geschrieben, braucht man einen Assembler. Dieser prüft die Syntax und wandelt das geschriebene Programm in die Maschinensprache. Er bindet erforderlichenfalls mehrere Module zu einem Programm zusammen und kann ein File im Intel-HEX-Format erzeugen. Das Buch "MC-Tools 2, Einführung in die Software der 8051-Mikrocontroller-Familie" enthält einen leistungsfähigen und preiswerten Makro-Assembler mit Linker und ein Konvertierungsprogramm zum generieren eines HEX-Files.

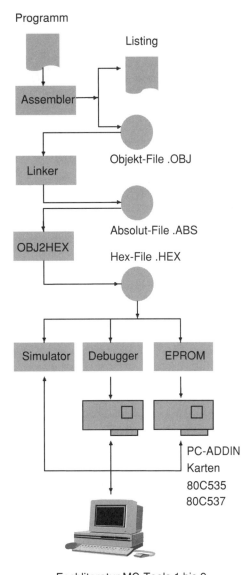

Programmentwicklungs-Tools

Fachliteratur MC-Tools 1 bis 9

Testen

Das HEX-File läßt sich für verschiedene Dinge einsetzen.

❐ Laden des Programms in einen Simulator. Das Programm läßt sich Befehl für Befehl oder Programmstück für Programmstück systematisch testen.

❐ Laden in ein Mikrocontroller-System. Das Programm kann auf dem Zielsystem ablaufen. Mittels Debugger läßt sich das Programm emulieren und vom PC aus genau so testen wie beim Simulator, nur daß die Hardware mit in den Test mit einbezogen ist.

Selbstverständlich überlegt man sich vor dem Testen genau was und wie zu testen ist, wobei Randbedingungen, Durchführung und Testergebnisse zu dokumentieren sind.

Simulieren

Die Programmsimulation erlaubt den komfortablen Test einzelner Programmstücke oder des ganzen Programms auf dem PC. Der hier erwähnte Simulator "Simula51" ist ein Programm das die Mikrocontroller 8051/31 und 80515/535 auf dem PC nachbildet. Er ist in dem Buch "MC-Tools 6, Simula51, Simulator für den 8051 und 80515" enthalten. Der Vorteil der Simulation liegt darin, daß ohne Hardware getestet wird. Dabei ist folgendes zu berücksichtigen:

❐ Echtzeitsimulation ist nicht möglich, weil PC mit dem Simulatorprogramm langsamer sind als die Mikrocontroller. Über den im Simulator eingebauten Befehlszyklenzähler lassen sich die Laufzeiten einzelner Programmteile genau ermitteln.

❐ Eingabesignale müssen zum richtigen Zeitpunkt über die Tastatur eingegeben werden. Startet das Programm beispielsweise im 80535 eine Digital/Analogwandlung, so bleibt das Busy-Bit 15 Maschinenzyklen gesetzt (12 µs bei 12 MHz Oszillatorfrequenz), der Inhalt der Ergebnisregisters (DAR) bleibt danach jedoch unverändert. Gegebenenfalls setzt man vor oder nach dem Befehl, der die Wandlung startet, einen Breakpoint und läßt das Simulationsprogramm bis dahin laufen. Dann schreibt man den Wert, den man zum Testen benötigt, in das Ergebnisregister und simuliert weiter. Entsprechendes gilt für die Porteingabe bzw. für die Eingabe über die serielle Schnittstelle.

Die beim Programmieren verwendeten Symbole kann der Simulator ebenfalls einlesen und anzeigen. So findet man sich beim Testen leichter zurecht. Auf dem Bildschirm sehen Sie außer den Pull-Down-Menüs mit den Kommandos alle wesentlichen Register, die Ports, das aktuelle Programmstück und Ausschnitte aus dem Stack, dem externen und internen Speicher sowie aus dem Bereich der Special-Funktion-Register. Es lassen sich beliebig viele Break Points setzen. Sie können u. a. im Single Step das Programm durchlaufen und dabei bei Bedarf schon getestete Unterprogramme überspringen.

Arbeiten mit PC-ADDIN-Karten und Debugger

PC-ADDIN-Karten gibt es für die Mikrocontroller 80C535 und 80C537. Sie enthalten ein vollständiges Mikrocontroller-System. Vom Assembler erzeugte HEX-Files können unmittelbar in das System geladen und gestartet werden.

Auf der PC-Rückseite sind bei der 80C535-Karte 16 Digitale Eingänge und Ausgänge sowie 8 analoge Eingänge verfügbar. Bei der 80C537-Karte sind es 24 digitale Eingänge und Ausgänge und 12 analoge Eingänge.

Auf dem Lochrasterfeld der PC-ADDIN-Karten lassen sich zusätzliche Schaltungen für die aktuelle Hardware-Anwendung unterbringen. Mit PC-Programmen ist sowohl die Hardware als auch die Software zu testen. Die Software läßt sich mit den Debuggern "DEBUG535" und "DEBUG537" mit dem gleichen Bedienkomfort wie bei der Simulation emulieren und damit testen. Dabei ist zusätzlich die Echtzeitemulation möglich, d. h. der Debugger kann das Programm von einem beliebigen Punkt aus starten und in Echtzeit bis zu einem Break Point laufen lassen. Weiter ist es möglich externe Hardware an die Kartenschnittstelle anzuschließen.

Der Einsatz der PC-ADDIN-Karten ist dort am wirkungsvollsten, wo das zu entwickelnde System ebenfalls im PC eingesetzt wird, da die Schnittstelle zwischen PC und Mikrocontroller-System leistungsfähig und einfach zu bedienen ist.

Beim Einsatz der PC-ADDIN-Karten für Systeme, die später unabhängig vom PC eingesetzt werden sollen, ist folgendes zu berücksichtigen:

❒ Für die Kommunikation zwischen PC und Mikrocontroller-System sind auf beiden Karten die Interrupt 0 und 1 belegt. Außerdem sind Port 5 und vier Anschlüsse von Port 6 beim 80C535 sowie Port 4 und vier Anschlüsse von Port 6 beim 80C537 belegt.

Wenn Sie ein System für den 8051/31 entwickeln wollen und wenn Sie dort die Interrupts 0 und 1 benötigen, so können Sie für die Testphase zwei andere Interrupts des 80C535 verwenden.

Die Karten gibt es als Bausatz oder fertig bestückt. Beschrieben sind die Karten in den Büchern "MC-Tools 1 für den XT/AT mit dem Mikrocontroller SAB 80535" und "MC-Tools 4 für den XT/AT mit dem Mikrocontroller SAB 80537". Diese Bücher enthalten als Beispiele je ein Oszillographen- und ein einfaches Debugger-Programm sowie die unbestückte Platine. Die MC-Programme sind in den Büchern abgedruckt und kommentiert. Die PC-ADDIN-Karten gibt es auch fertig bestückt und als Bausatz zu den Platinen.

Außer diesen Hilfsmitteln gibt es ausführliche Beschreibungen der Mikrocontroller-Bausteine 8051/31, 80C51/31, 8052/32, 80(C)515 /535 (A) und 80C517/537 (A). Bausteinbeschreibungen sind erforderlich, wenn man die Bausteine einsetzen und programmieren will. Sie finden diese in folgende Büchern: "MC-Tools 3, Die 8051-Mikrocontroller-Familie, Bausteine und Applikationen", "MC-Tools 5, Handbuch des 80C517 und des 80C517A" und "MC-Tools 8, Handbuch des 80(C)515 und des 80C515A"

Anhang

A Zahlensysteme

Um die Arithmetikbefehle bei der Assemblerprogrammierung richtig einzusetzen, ist die Kenntnis der Zahlensysteme hilfreich.

Dezimalsystem

Jeder ist mit dem dezimalen Zahlensystem vertraut. Es gibt die 10 Ziffern 0 bis 9. Eine Zahl größer als 9 wird durch die Kombination von zwei oder mehreren Ziffern dargestellt. Die Zahl 3509 setzt sich beispielsweise zusammen aus

$$3*1000 + 5*100 + 0*10 + 9$$
oder
$$3*10^3 + 5*10^2 + 0*10^1 + 9*10^0$$

Der Wert einer Ziffer hängt von der Stelle ab, an der sie steht. Man spricht von Einer-, Zehner-, Hunderterstelle usw. Das Dezimalsystem ist ein sogenanntes Stellenwertsystem. Von rechts nach links nimmt der Wert von Stelle zu Stelle um den Faktor 10 zu. Die Zahl 10 ist die **Basis** des Dezimalsystems. Ein weiterer Zusammenhang besteht zwischen der Basis und der Anzahl verfügbarer Ziffern: Es gibt 10 Ziffern (0 bis 9).

Nun ist das Dezimalsystem nicht die einzige Möglichkeit zur Zahlendarstellung. Jede ganze Zahl größer oder gleich 2 könnte als Basis B eines Zahlensystems genommen werden. Das Prinzip, größere Zahlen zu bilden, bleibt das gleiche wie beim Dezimalsystem: Jeder Ziffernstelle ordnet man eine Potenz der Basis zu. Ferner gilt, daß es in einem Zahlensystem zur Basis B die Ziffern 0 bis (B - H) gibt. Bei Systemen B > 10 müssen für die Ziffern 10, 11, 12 ... neue einstellige Symbole eingeführt werden. Dazu nimmt man A, B, C usw. Mit n Stellen sind im Dezimalsystem 10^n Zahlen darstellbar.

Mit beispielsweise n = 3 sind die Zahlen 0 bis 999 darzustellen. Allgemein sind in einem Zahlensystem zur Basis B mit n Stellen B^n Zahlen darstellbar.

Wir behandeln im folgenden nur ganze Zahlen (Festpunktzahlen). Auf Gleitkommazahlen gehen wir nicht ein, da die Mikrocontroller der 8051-Familie nicht über eine Gleitkomma-Arithmetik verfügen.

Dualsystem

Rechenanlagen arbeiten wegen der leichteren technischen Realisierbarkeit binärer Schaltungen (als Schalter) im Zahlensystem zur Basis 2, dem Dualsystem. Im Dualsystem gibt es nur zwei Ziffern: 0 und 1. Bei einer mehrstelligen Dualzahl sind den einzelnen Positionen Zweierpotenzen zugeordnet. Somit können wir Dualzahlen in Dezimalzahlen umrechnen. Siehe dazu folgendes Beispiel:

$$\begin{aligned}110101 &= 1*2^5+1*2^4+0*2^3+1*2^2+1*2^1+1*2^0 \\ &= 32 + 16 + 0 + 4 + 0 + 1 \\ &= 53\end{aligned}$$

Arbeitet man gleichzeitig mit mehreren Zahlensystemen, schreibt man, um Mehrdeutigkeiten zu vermeiden, die Basis als tiefgestellte Zahl hinzu.

$$110101_2 = 53_{10}$$

Zu einer gegebenen Dezimalzahl ermittelt man die entsprechende Dualzahl durch das sogenannte Divisionsverfahren. Man dividiert die Dezimalzahl bzw. die entstehenden Quotienten fortlaufend durch 2 (Basis des Zielsystems), bis der Quotient Null wird. Die Reste der Divisionen, 0 oder 1, geben von unten nach oben die gesuchte Dezimalzahl.

Beispielsweise ist $= 29_{10} = 11101_2$

```
29 : 2 = 14    Rest   1
14 : 2 =  7     "     0
 7 : 2 =  3     "     1
 3 : 2 =  1     "     1
 H : 2 =  0     "     1
```

Rechnen

Das Rechnen im Dualsystem läuft analog zum Rechnen im Dezimalsystem. Es ist nur darauf zu achten, daß 0 und 1 die einzigen Ziffern im Dualsystem sind.

Addition

Bei der Addition im Dezimalsystem tritt ein Übertrag zur nächsthöheren Stelle auf, wenn die größte Ziffer 9 überschritten wird.

S1	S2	U	Σ	Übertrag
0	0	0	0	0
0	0	1	1	0
0	1	0	1	0
0	1	1	0	1
1	0	0	1	0
1	0	1	0	1
1	1	0	0	1
1	1	1	1	1

Im Dualsystem gilt entsprechend, daß beim Überschreiten der höchsten Ziffer 1 ein Übertrag auftritt. In der Tabelle gibt es außer den Summandenspalten S1 und S2 die Spalte U für Übertrag. Das Ergebnis der Zeile besteht aus Summe und Übertrag für die nächste Stelle.

Beispielsweise ist $7 + 13 = 20$

```
H. Summand     00111     7
2. Summand    +01101   +13
Übertrag       1111      1
Summe         10100     20
```

Subtraktion

Bei der Subtraktion bedeutet der Übertrag hier, ähnlich wie im Dezimalsystem, "eins geliehen". M ist der Minuend, S Subtrahend. In Rechenanlagen wird die Subtraktion auf die Addition des *Zweierkomplements* zurückgeführt.

S1	S2	U	Differenz	Übertrag
0	0	0	0	0
0	0	1	1	1
0	1	0	1	1
0	1	1	0	1
1	0	0	1	0
1	0	1	0	0
1	1	0	0	0
1	1	1	1	1

Beispielsweise ist $10 - 5 = 5$

```
Minuend        1010    10
Subtrahend    -0101    -5
Übertrag        101     1
Differenz      0101     5
```

Multiplikation und Division

Formal wird die Multiplikation wie im Dezimalsystem durchgeführt. Die Multiplikationsregeln für einstellige Dualzahlen sind:

```
0 * 0 = 0
0 * 1 = 0
1 * 0 = 0
1 * 1 = 1
```

Beispielsweise ist 7 * 13 = 91

```
  0111 * 1101
         0111
         0000
        0111
       0111
      1011011
```

Für die Division gilt entsprechendes.

Zweierkomplement

Das Zweierkomplement ist für die Darstellung negativer Zahlen bedeutungsvoll. Wie schon erwähnt, sind im Dualsystem bei n Stellen 2^n Zahlen darstellbar. Sollen positive und negative Zahlen dargestellt werden, ist der Zahlenbereich aufzuspalten. Es gibt verschiedene Möglichkeiten, negative Zahlen darzustellen. Wir beschränken uns auf die bei Mikrocontrollern verwendete Darstellung: Dem negierten Wert wird ein Schrägstrich vorangestellt. Das Zweierkomplement /z einer n-stelligen (positiven oder negativen) Dualzahl z ist die Ergänzung von Z zur Zweierpotenz 2^n:

$$/z = 2^n - z$$

Ist z positiv, so ergibt /z die Darstellung von -z und umgekehrt liefert /z bei negativem z den dazugehörenden positiven Wert. Beispielsweise

$z = 0001\ 1100\ (28_{10})$ gleich $/z = 2^8$

-z ist das Zweierkomplement.

```
  1 0000 0000
-   0 0001 1100
    0 1110 0100
```

Es gibt noch ein anderes einfaches System zur Ermittlung des Zweierkomplements: man invertiert die Dualzahl z bitweise und addiert anschließend 1 hinzu. Das obige Beispiel nach dieser Regel ergibt:

```
  0 0001 1100
  1 1110 0011
+           1
  1 1110 0100
```

Addition mit Zweierkomplement

```
  1 0000 0000
+ 1 1110 0100
  0 1110 0100
```

Die Aufteilung des Zahlenbereichs ist beim Zweierkomplement nicht symmetrisch zu Null. Bei n = 8 geht der Zahlenbereich von -128 bis +127. Das Bit b7 kann als Vorzeichen betrachtet werden: b7 = 0 für positive, b7 = 1 für negative Zahlen. Die folgende Darstellung zeigt den Zahlenbereich für n = 8 bei Verwendung des Zweierkomplements.

```
  + 127    0111 1111
  +  1     0000 0001
     0     0000 0000
  -  1     1111 1111
  - 128    1000 0000
```

Der 8-bit-Zahlenbereich umfaßt den Zahlenbereich von -128 bis +127.

Hexadezimalsystem

Die Basis zum Hexadezimalsystem ist 16. Es hat neben dem Dualsystem eine besondere Bedeutung in der Computertechnik. Eine hexadezimale Ziffer gibt durch ein Zeichen den Zustand von 4 Bits wieder. Seine Beherrschung ist im Umgang mit Mikrocontrollern wichtig, weil Adressen und Zahlen oft in hexadezimaler Form dargestellt werden. Bei der Arithmetik mit vorzeichenbehafteten Zahlen gilt das höchstwertige Bit als Vorzeichen.

Die unten stehende stehende Tabelle zeigt die Binär-, Hexadezimal- und Dezimalwerte sowie das Bitmuster und Zweierkomplement für die wichtigsten Werte im 8-bit-Zahlenbereich. Die 16 Ziffern des Hexadezimalsystems sind: 0, 1, 2, ... 8, 9, A, B, C, D, E, F. Die Buchstaben A bis F entsprechen den Dezimalzahlen 10 bis 15.

Zur Unterscheidung der Dual- und Hexadezimalzahlen von den Dezimalzahlen gilt folgende Schreibweise: Dualzahlen werden mit B, Hexadezimalzahlen mit H abgeschlossen (01110110B, 3FH).

Um richtige Resultate zu bekommen bedarf es der Interpretation der Vorzeichen. Addiert man beispielsweise 7FH + 7FH, so ist die Summe FEH. In der Zweierkomplementdarstellung ist das nicht der Wert 254, sondern -2.

Das siebte Bit ist dann immer das Vorzeichen.

Die folgende Tabelle zeigt die Dezimal-, dual- und hexadezimal-Zahlen von -1 bis -10.

dezi-mal	dual	hexa-dezimal
-1	1111 1111	FF
-2	1111 1110	FE
-3	1111 1101	FD
-4	1111 1100	FC
-5	1111 1011	FB
-6	1111 1010	FA
-7	1111 1001	F9
-8	1111 1000	F8
-9	1111 0111	F7
-10	1111 0110	F6

B Der Mikrocontroller 80515

Dieser Abschnitt gibt eine Übersicht über die Eigenschaften des Mikrokontrollers 80515 zum ersten Kennenlernen. Der Baustein wird dabei nicht vollständig beschrieben.

Besonderheiten des 80515

- Alle 8051-Funktionen sind im 80515 enthalten (softwarekompatibel)

- Interner 8-Kbyte-ROM-Programmspeicher; bis auf 64 Kbyte extern erweiterbar
- Interner 256-byte-Datenspeicher, bis auf + 64 Kbyte extern erweiterbar
- 12 Interrupt-Quellen und vier Prioritätsebenen

- Fünf 8-bit-I/O-Ports
- Eigener Baudratengenerator für 4800 und 9600 bd bei 12 MHz fosz
- /RESET negativ aktiv
- Drei 16-bit-Timer
- Vier 16-bit-Reload/Capture/Compare-Funktionen
- 16-bit-Watchdog-Timer

- Analog/Digital-Wandler mit
  - 8-bit-Auflösung und 8 gemultiplexte Analogeingänge
  - Sample & Hold-Zeit 5 µs (bei 12 MHz)
  - 15 µs Wandlungszeit (einschließlich Sample-Zeit bei 12 MHz fosz)
  - Programmierbare Referenzspannungen

- 68-Pin-PLCC-Gehäuse

Logiksymbol des Mikrocontrollers 80(C)515

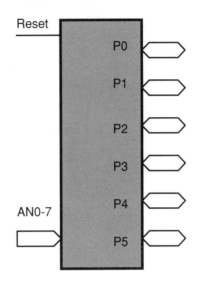

144 Anhang B

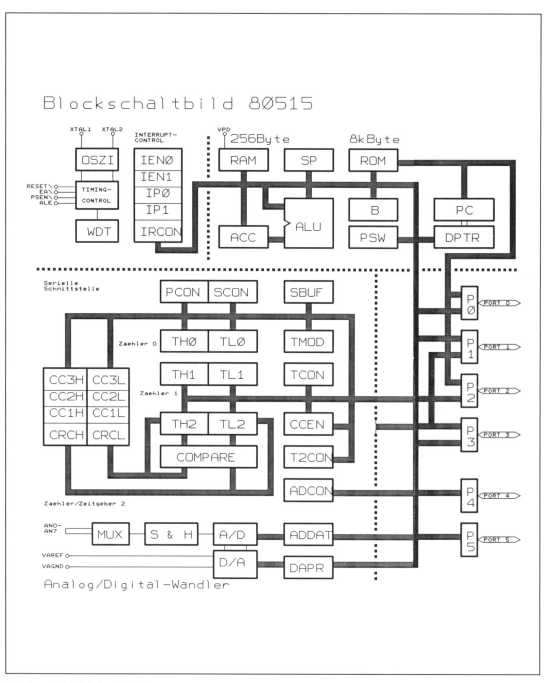

Blockschaltbild des 80515

Grundkomponenten

Die CPU des 80515

Der 80515 ist eine 8-bit-Maschine. Internes ROM, RAM, die Special-Function-Register (SFR), Recheneinheit mit ALU und externer Befehls- und Datenbus sind 8 bit breit. Die Datentypen des 80515 sind Bit, Halbbyte (Nibble), Byte und Doppelbyte. Der 8051 unterstützt Bytetransporte, Logik- und Arithmetikoperationen. Die Bitverarbeitungsbefehle erlauben auf der Bitebene Datentransporte, Logik- und bedingte Sprungoperationen und können mit Booleschen Variablen arbeiten.

Die CPU (Central Processing Unit) des 80515 besteht aus:

- Befehlszähler
- Befehlsdekoder
- Rechenwerk (ALU: Arithmetic Logic Unit)
- Boolescher Prozessor
- Ablaufsteuerung

Befehlszähler Program Counter (PC)

Der 16-bit-PC steuert die Reihenfolge des Programmablaufs. Im Befehlszähler steht immer die Befehlsspeicheradresse des gerade auszuführenden Befehls. Die Befehlsablaufsteuerung liest von dieser Adresse den aktuellen Befehl. Der Befehlsdekoder veranlaßt die Befehlsausführung. Anschließend wird der PC auf die nächste Befehlsadresse hochgezählt oder bei Sprungbefehlen mit der neuen Adresse geladen.

Befehlsdekoder

Der Befehlsdekoder entschlüsselt jeden Befehl und führt ihn aus. Diese Einheit generiert die internen Signale, die alle Funktionen der CPU zur Ausführung des aktuellen Befehls auslösen. Sie steuert den Transport der Daten von der Quelle zum Ziel und die Rechenfunktionen.

Arithmetische und logische Einheit (ALU)

Die ALU des 8051 führt alle Datenmanipulationen durch und arbeitet mit den Registern A, B und PSW zusammen. Die ALU verarbeitet 8-bit-Datenworte von einer oder zwei Quellen und generiert 8- oder 16-bit-Ergebnisse. Die ALU führt die Operationen Addition, Subtraktion, Multiplikation und Division, Inkrementieren (erhöhen um 1) und Dekrementieren (vermindern um 1), BCD-Dezimalkorrektur, Vergleiche, Rotieren (Schieben im Kreis) und logische Operationen aus.

Boolescher Prozessor

Der Boolesche Prozessor ist ein Bitprozessor innerhalb der ALU. Das Arbeitsregister für Bitbefehle ist das Carry Flag im PSW-Register (Program Status Word). Der Boolesche Prozessor verfügt über seinen eigenen Befehlsvorrat und seine bitadressierbaren Speicherplätze im RAM und in den Special-Function-Registern. Der Boolesche Prozessor ermöglicht schnelle Bitmanipulationen an den Eingabe-Ausgabe-Ports und die logische Verknüpfung der Bits.

146 Anhang B

Bitoperationen des Booleschen Prozessors sind:

- Setzen, Löschen, Komplementieren
- Springen, wenn gesetzt, Springen, wenn nicht gesetzt
- Springen, wenn gesetzt, dann löschen
- Transport vom und zum Carry
- Logische UND/ODER-Verknüpfung

Ablaufsteuerung

Sie steuert die Reihenfolge der Befehlsholphase und Befehlsausführung. Die Logik zur Ausführung bedingter Sprünge verändert den Programmablauf abhängig vom Ergebnis externer oder interner Ereignisse. Die Ablaufsteuerung arbeitet mit folgenden Speicherbereichen:

Der Oszillator des 80515

Der Oszillator ist das Herz jedes Mikrocontrollers. XTAL1 und XTAL2 sind die Ein- und Ausgänge des auf dem Chip integrierten Inverters. Er ist mit einem Quarz oder externem Takt beschaltbar. Der Oszillator treibt den internen Taktgenerator. Daraus werden alle auf dem Chip erforderlichen Signale abgeleitet.

Speicher

Die internen RAM- und ROM-Bereiche haben sich gegenüber dem 8051 auf 256 byte bzw. 8 Kbyte verdoppelt. Diese Bereiche entsprechen somit denen des 8052. Im Gegensatz zum 8051/52 sind jedoch nur 40 byte im RAM ruhestromversorgt (Adressen 88 bis 127, 58H bis 7FH). Die SFR liegen im Adressenbereich 128 bis 255 (80H bis FFH).

Programmspeicher

Der externe Programmspeicherbereich des 80535 (ROM-lose Version) beträgt 64 Kbyte. In diesem Falle muß der /EA-Pin auf LOW liegen.

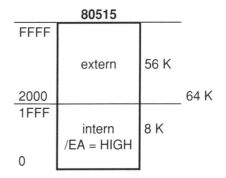

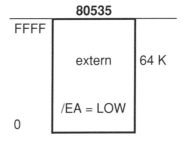

Beim 80515 (ROM-Version) wird für die unteren 8 Kbyte Adreßraum der interne Programmspeicher angesprochen (0 bis 1FFFH), wenn der /EA-Pin auf HIGH liegt. Extern ist der Bereich um 56 Kbyte erweiterbar. Der Adreßbereich 0 bis 6DH ist für die Interrupt-Einsprungvektoren reserviert.

Der Mikrocontroller 80(C)535

Adressen im Programmspeicher

Im Programmspeicher sind die Adressen von 0 bis 6DH für die Interrupt-Vektoren vorgesehen, falls Interrupts verwendet werden. Dort stehen gegebenenfalls die Sprungbefehle, die auf die entsprechenden Interrupt-Service-Routinen springen. Auf der Adresse 0 muß ein Sprungbefehl zum Programmanfang stehen.

Datenspeicher

Der interne Datenspeicher gliedert sich in drei Teile:

1) 128 byte unterer RAM-Bereich (direkt und indirekt adressierbar)
2) 128 byte oberer RAM-Bereich (nur indirekt adressierbar)
3) 128 byte Special-Function-Register-Bereich (nur direkt adressierbar)
4) Externer Datenspeicher

Adresse	Funktion
FFFFH	
6BH	externer Interrupt 6
6AH	
63H	externer Interrupt 5
62H	
5BH	externer Interrupt 4
5AH	
53H	externer Interrupt 3
52H	
4B	externer Interrupt 2
4A	
43H	A/D-Wandler
42H	
2BH	Timer 2 Interrupt
2AH	
23H	Interrupt der seriellen Schnittstelle
22H	
1BH	Timer 1 Interrupt
1AH	
13H	externer Interrupt 1
12H	
BH	Timer 0 Interrupt
AH	
3H	Externer Interrupt 0
2H	
0	Startadresse

intern:
- 80–FF: RAM 2) (128) | SFR 3)
- 0–7F: RAM 1) (128)

extern:
- 0–FFFF: 4) 64K

Der Datenspeicher setzt sich aus 256 byte des internen RAM, 41 byte für die SFR und dem bis zu 64 Kbyte großen externen RAM zusammen.

Die unteren 128 byte des interne RAM sind direkt oder indirekt adressierbar (über R0 und R1 der aktuellen Registerbank), die oberen 128 byte des internen RAM nur indirekt (über R0 und R1 der aktuellen Registerbank), die SFR sind nur direkt adressierbar. Die maximal 64 Kbyte des externen Datenspeichers sind nur indirekt über den Data Pointer (DPTR) zu adressieren. Dazu gibt es die MOVX-Befehle. MOVX A,@DPTR, um ein Byte vom externen RAM in den Akkumulator zu holen bzw. MOVX @DPTR,A, um ein Byte vom Akkumulator in den externen Speicher zu transferieren. Das @-Zeichen steht für die Indizierung. Das heißt, die Adresse im DPTR bestimmt Ziel oder Quelle des Transportbefehls. Der Adreßraum des oberen internen RAM- und des SFR-Bereichs sind identisch. Das Programm unterscheidet sie aufgrund der unterschiedlichen Adressierungsarten. Die Aufteilung der unteren 128 byte RAM in Registerbänke entspricht der beim 8051. Ein Unterschied liegt im ruhestromversorgten Bereich. Im Gegensatz zum 8051/52 (RAM vollständig ruhestromversorgt) beträgt dieser Bereich im 80515 nur 40 byte (58H bis 7FH). Der Stack kann an einer beliebigen Adresse im unteren oder oberen internen RAM-Bereich liegen.

HEX	MSB						LSB
7FH – 30H							
2FH	7F	7E	7D	7C	7B	7A	79	78
2EH	77	76	75	74	73	72	71	70
2DH	6F	6E	6D	6C	6B	6A	69	68
2CH	67	66	65	64	63	62	61	60
2BH	5F	5E	5D	5C	5B	5A	59	58
2AH	57	56	55	54	53	52	51	50
29H	4F	4E	4D	4C	4B	4A	49	48
28H	47	46	45	44	43	42	41	40
27H	3F	3E	3D	3C	3B	3A	39	38
26H	37	36	35	34	33	32	31	30
25H	2F	2E	2D	2C	2B	2A	29	28
24H	27	26	25	24	23	22	21	20
23H	1F	1E	1D	1C	1B	1A	19	18
22H	17	16	15	14	13	12	11	10
21H	0F	0E	0D	0C	0B	0A	09	08
20H	07	06	05	04	03	02	01	00
1FH – 18H	Registerbank 3						
17H – 10H	Registerbank 2						
0FH – 08H	Registerbank 1						
07H – 0H	Registerbank 0						

Adressen im internen RAM

Adressen im internen RAM

Das interne RAM umfaßt 128 byte und enthält vier Registerbänke mit je 8 byte und daran anschließend 16 bitadressierbare Bytes.

Special-Function-Register (SFR)

Die SFR liegen im Adreßbereich 128 (80H) bis 255 (FFH). Auf sie ist nur mittels direkter Adressierung zuzugreifen.

Symbol	Bezeichnung
ACC	Accumulator
ADCON	A/D Converter Control Register
ADDAT	A/D Converter Data Register
B	B Register
CCEN	Compare/Capture Enable Register CL1
CCH1	Compare/Capture Register 1 (HIGH Byte)
CCH2	Compare/Capture Register 2 (HIGH Byte)
CCH3	Compare/Capture Register 3 (HIGH Byte)
CCL1	Compare/Capture Register1 (LOW Byte)
CCL2	Compare/Capture Register 2 (LOW Byte)
CCL3	Compare/Capture Register 3 (LOW Byte)
CRCH	Compare/Reload/Capture Register (HIGH Byte)
CRCL	Compare/Reload/Capture Register (LOW Byte)
DAPR	D/A Converter Program Register
DPH	Data Pointer (HIGH Byte)
DPL	Data Pointer (LOW Byte)
IEN0	++ Interrupt Enable Register 0
IEN1	Interrupt Enable Register 1
IP0	+ Interrupt Priority Register 0
IP1	Interrupt Priority Register 1
IRCON	Interrupt Request Control Register
P0	Port 0
P1	Port 1
P2	Port 2
P3	Port 3
P4	Port 4
P5	Port 5
PCON	Power Control Register
PSW	Program Status Word Register
SBUF	Serial Port Buffer Register
SCON	Serial Port Control Register
SP	Stack Pointer
T2CON	Timer 2 Control Register
TCON	Timer Control Register
TH0	Timer 0 (HIGH Byte)
TH1	Timer 1 (HIGH Byte)
TH2	Timer 2 (HIGH Byte)
TL0	Timer 0 (LOW Byte)
TL1	Timer 1 (LOW Byte)
TL2	Timer 2 (LOW Byte)
TMOD	Timer Mode Register

Special-Function-Register im 80515

In diesem Bereich liegen alle Register außer den Registerbänken und dem Befehlszähler. Im 8051 gibt es 21 und im 80515 41 SFR. 16 SFR des 80515 sind bitadressierbar. Beachten Sie, daß die SFR IP0 und IP1 im Gegensatz zum 8051 nicht bitadressierbar sind. Die Funktion des IE blieb gleich. Die Handhabung des IP hat sich wegen der vier Prioritätsebenen im 80515 (gegenüber zwei im 8051) geändert.

Integrierte Peripherie

In den folgenden Abschnitten werden diejenigen Komponenten beschrieben, die gegenüber dem 8051 neu sind oder zusätzliche Eigenschaften bekamen.

Eingabe-Ausgabe-Ports

Alle sechs parallelen 8-bit-Ports sind bidirektional. Jedes Port besteht aus einem 8-bit-SFR für die Ausgabedaten, einem Ausgangstreiber und einem Eingabepuffer. Jeder Portanschluß ist, unabhängig von den anderen Anschlüssen des gleichen Ports, als Eingang oder als Ausgang verwendbar. Die Ausgangstreiber der Ports 0 und 2 und die Eingangspuffer des Port 0 werden alternativ für die externe Speichererweiterung benötigt. Gegebenenfalls wird über Port 0 im Zeitmultiplex das Low-Byte der externen Datenspeicheradresse ausgegeben und ein Datenbyte ausgegeben oder eingelesen. Port 2 gibt das High-Byte der externen 16-bit-Adresse aus. Ist kein externer Speicher vorgesehen, können Port 0 und 2 als I/O-Ports verwendet werden.

Alternative Funktionen des Port 1

Ähnlich wie Port 3 im 8051 (und im 80515) verfügt Port 1 im 80515 über alternative Funktionen. Sie sind wie bei Port 3 zu handhaben.

Jeder Portpin besteht aus einem Latch, einem Ausgangstreiber und einem Eingangspuffer. Die folgende Tabelle enthält die Alternativfunktionen von Port 1. Um die Alternativfunktionen zu aktivieren, müssen die Ausgangs-Latches vorher durch Software auf HIGH gesetzt sein.

Portpin Symbol	Alternativfunktionen
P1.0/29 INT3/CC0	Externer Interrupt 3, Capture 0, Compare 0
P1.1/30 INT4/CC1	Externer Interrupt 4, Capture 1, Compare 1
P1.2/31 INT5/CC2	Externer Interrupt 5, Capture 2, Compare 2
P1.3/32 INT6/CC3	Externer Interrupt 6, Capture 3, Compare 3
P1.4/33 INT2	Externer Interrupt 2
P1.5/34 T2EX	Externer Reload-Eingang (Timer 2)
P1.6/35 CLKOUT	Systemtakt-Ausgang (fosz/12)
P1.7/36 T2	Timer-2-Eingang

Alternativfunktionen von Port 1

Die nächste Tabelle zeigt die Alternativfunktionen von Port 3.

Portpin Symbol	Alternativfunktionen
P3.0 RXD	Serielles Eingangs-Port
P3.1 TXD	Serielles Ausgangs-Port
P3.2 INT0	Externer Interrupt 0
P3.3 INT1	Externer Interrupt 1
P3.4 T0	Timer-0-Eingang
P3.5 T1	Timer-1-Eingang
P3.6 /WR	Write-Signal für externe Speicher
P3.7 /RD	Read-Signal für externe Speicher

Alternativfunktionen von Port 3

RESET

Im Gegensatz zum 8051/52 ist der RESET beim 80C515 negativ aktiv. Der Eingang ist hochohmig und kann mit einer RC-Kombination (8,2 kΩ gegen VCC und 10 μF geben GND) für den Power-On-RESET beschaltet werden.

Timer 0 und 1

Der 8051 verfügt über zwei 16-bit-Timer T0 und T1. Sie sind als Zähler (Counter) oder Zeitgeber (Timer) programmierbar. Im Text wird Zähler/Zeitgeber durch Timer oder T abgekürzt.In der Zeitgeberfunktion werden die Timer-Register in jedem Maschinenzyklus einmal inkrementiert (es werden die Maschinenzyklen gezählt). Weil der Maschinenzyklus aus

12 Oszillatorperioden besteht, beträgt die Zählfrequenz fosz/12.

In der Zählerfunktion inkrementiert eine fallende Flanke (von HIGH nach LOW) an den externen Eingängen die Zähler. In dieser Funktion tastet die Schaltung während S5P2 in jedem Maschinenzyklus die Eingangssignale ab. Ergibt die Abtastung ein HIGH in einem Zyklus und ein LOW im unmittelbar darauffolgenden, ist die Flanke erkannt und der Zähler wird inkrementiert. Der neue Zählwert erscheint zum Zeitpunkt S3P1 nach der Flankendetektierung in den Registern. Weil die Flankenerkennung zwei Maschinenzyklen (24 Oszillatorperioden) erfordert, beträgt die höchste Zählrate fosz/24. Die Eingangssignale müssen vor und nach dem Pegelwechsel mindestens einen Maschinenzyklus lang anliegen, um einwandfrei erkannt zu werden. Das Steuerbit TMOD.2 wählt die Zähler- bzw. Zeitgeberfunktion für den Timer 0 und TMOD.6 für Timer 1. Zusätzlich zu den Zähler- und Zeitgeberfunktionen verfügen Timer 0 und Timer 1 über vier Arbeitsmodi. In den Modi 0, 1 und 2 sind T0 und T1 funktionsgleich. In Modus 3 arbeiten sie unterschiedlich. In der folgenden Beschreibung werden die High- und Low-Bytes von Timer 0 mit TH0 und TL0 und von Timer 1 mit TH1 und TL1 bezeichnet.

Timer 2

Der Timer 2 im 80515 entspricht nicht dem T2 des 8052. Er hat wesentlich mehr zusätzliche Funktionen. Als Zähler arbeitet er mit externem und als Zeitgeber mit internem Takt. Der 16-bit-Timer 2 T2 hat, bei Bedarf auch parallel, folgende zusätzliche Betriebsarten (Modi):

- ❒ **Compare:** bis zu 4 pulsweitenmodulierte Ausgangssignale (PWM) in max. 65 535 Schritten und 1 µs Auflösung bei 12 MHz fosz.

- ❒ **Capture:** bis zu 4 Capture-Eingangsfunktionen mit max. 1 µs Auflösung bei 12 MHz fosz.

- ❒ **Reload:** Die Zyklenzeit des T2 läßt sich mit der Reload-Funktion programmieren bzw. modulieren.

Dem T2 sind vier 16-bit-Register und vier Compare-Schaltungen zugeordnet. Jedes dieser Register läßt sich unabhängig von den anderen Registern als Compare- oder Capture-Register programmieren. Eines davon, das CRC-Register, ermöglicht zusätzlich die Reload-Funktion. Die Zuordnung der Compare- und Capture-Funktionen auf die einzelnen Register ist variabel. Wählbar beispielsweise ein Capture-Eingang und drei Compare-Ausgänge oder umgekehrt; oder es werden die Reload-Funktion und drei Compare-Ausgänge gewählt usw. Die pulsweitenmodulierten Ausgangssignale sind besonders für Steuerungs- und Regelungsschaltungen von Wechselstromlasten (z.B. Elektromotoren) oder zur dynamischen D/A-Wandlung geeignet.

Die vier Compare- und Capture-Ereignisse, der externe Reload-Eingang (Reload-Funktion) und der Timer-2-Überlauf können je einen eigenen Interrupt auslösen. Die den vier Compare- und Capture-Funktionen zugeordneten Interrupts entsprechen den an den gleichen Pins liegenden externen Interrupts und sind mit diesen zu verknüpfen. Der T2 und die Reload-Funktion werden über das Register T2CON (Timer-2-Control), die Compare- und Capture-Funktionen über das Register CCEN (Capture- und Compare-Enable-Register) und T2CON (Timer-2-Control) gesteuert.

Eingangsfunktionen des Timer 2

Die Takteingangsschaltung des Timer 2 ist weitgehend funktionsgleich mit der der Timer 0 und Timer 1. In der Zeitgeberfunktion arbeitet Timer 2 mit einer internen, vom Systemtakt abgeleiteten Frequenz. Diese kann abhängig von T2PS entweder fosz/12 oder fosz/24 betragen. Zusätzlich kann Timer 2 als Zeitgeber durch den externen Eingang T2/P1.7 gesteuert werden. Dazu wird der interne Eingangstakt mit dem externen Eingang über ein UND-Gate verknüpft, so daß Timer 2 nur dann zählt, wenn an T2/P1.7 HIGH anliegt. In der Zählerfunktion wird Timer 2 von externen, an T2/P1.7 anliegenden Impulsen getaktet. Die maximale Eingangsfrequenz in dieser Betriebsart beträgt fosz/24. Das sind 0,5 MHz bei 12 MHz fosz.

Reload

Ist der Reload-Modus eingeschaltet, wird bei jedem Timer-2-Überlauf oder bei jeder fallenden Flanke an T2EX/P1.5 (abhängig von T2R0, T2R1) der Inhalt des 16-bit-CRC-Registers in die beiden Register (TL2 und TH2) des Timer 2 geladen. T2 zählt dann nicht von 0 aus hoch, sondern von dem nachgeladenen Wert aus. Je höher der CRC-Inhalt ist, um so weniger Impulse benötigt der Timer 2 bis zum Überlauf und um so kürzer wird die Timer-2-Zykluszeit. Auf diese Weise läßt sich die Timer-Zykluszeit variieren bzw. modulieren. Ist beispielsweise eine Phasenanschnittsteuerung mit 50 Hz zu realisieren, so ist diese Frequenz mittels des Reload-Registers (CRC) einzustellen.

Zählwertberechnung: (fosz/12)/Ausgangstaktfrequenz.

Mit 12-MHz-Quarz: (12 MHz/12)/50 Hz
= 20.000

→ MOV CRCL,#LOW(-20 000)
  MOV CRCH,#HIGH(-20 000)

Über die Bits T2R0 (T2CON.3) und T2R1 (T2CON.4) lassen sich die verschiedenen Reload-Betriebsarten einstellen.

Compare

Der Compare-Modus vergleicht in jedem Zählzyklus die Inhalte der im Compare-Modus geschalteten 16-bit-Register (CRC, CC0, CC1 und CC2) mit dem Inhalt des Timer 2 (TH2, TL2). Bei Gleichheit der Information kann jede Compare-Schaltung einen eigenen Pegelwechsel am Ausgang und einen eigenen Interrupt generieren. So ist es möglich, bis zu vier pulsweitenmodulierte Signale mit bis zu 65 536 Schritten und 1 µs Auflösung zu erzeugen.

Bevorzugte Anwendungen sind Steuerungen bzw. Regelungen von Wechselstromlasten (z. B. Elektromotoren), dynamische Digital-Analog-Wandlung, impulspausenmodulierte Datenübertragung, das Erzeugen einmaliger Impulse definierter Länge usw. Bei der Steuerung von Wechselstromlasten ist der Phasenanschnitt oder die Generierung in Sinus-Strömen in Induktivitäten naheliegend.

Ist beispielsweise ein Dreiphasen-Elektromotor mit 400 Hz zu betreiben, so ist die Frequenz mit dem Reload-Register einzustellen. Für die drei Compare-Register bleibt immer noch eine Auflösung der Impulsweitenmodulation von ca. 11 bit. Die folgende Tabelle listet einige Auflösungen und Zeiten der PWM bei verschiedenen Reload-Werten (12 MHz fosz) auf:

Der Mikrocontroller 80(C)535

Reload Wert HEX	Zeit- geber μs	Zähl- zyklus Hz	Auf- lösung Bit
0	65 536	15,25	16
8000	32 768	30,51	15
C000	16 384	61,03	14
E000	8 192	122,07	13
F000	4 096	244,14	12
F800	2 048	488,28	11
FC00	1 024	976,56	10
FE00	512	1 953,12	9
FF00	256	3 906,25	8
FF80	128	7 812,50	7
FFC0	64	15 625.00	6

Lädt man ein Compare-Register nach einem Interrupt neu, so ist auf folgendes zu achten: Da das Register durch zwei Ladebefehle geladen wird, kann nach dem ersten Ladebefehl (es steht in dem anderen Byte noch der alte Wert) ein unbeabsichtigtes Compare-Ereignis eintreten. Man sollte deshalb während des Ladens der Register den Compare-Modus sperren (disable).

Es gibt zwei Compare-Modi. Im Compare-Modus 0 generiert jedes Compare-Ereignis einen Pegelwechsel am entsprechenden Ausgangspin von LOW nach HIGH und bei jedem Timer-2-Überlauf von HIGH nach LOW. Im Compare-Modus 1 erzeugen nur die Compare-Ereignisse Pegelwechsel am Ausgang, nicht der Timer-2-Überlauf.

Der Programmierer kann hier allerdings die Richtung des Pegelwechsels bestimmen. So können mehrere Pegelwechsel innerhalb eines Timer-Zyklus oder mehrere Timer-Zyklen zwischen zwei Pegelwechseln stattfinden. Mit dem Bit T2CM (T2CON.2) im Timer-2-Compare-Modus läßt sich der gewünschte Modus einstellen. Zur Programmierung des Compare-Modus 1: Im Ausgabebetrieb (ohne Compare-Modus) ist der Schalter 'Compare Modus 1 enabled' in die obere Position (write to Latch)

geschaltet. Das rechte D-Flip-Flop ist zum linken D-Flip-Flop in Serie geschaltet.

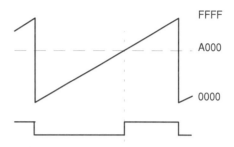

Ausgangspegel des Compare-Modus 0

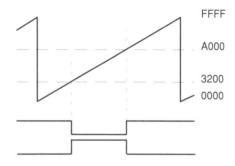

Ausgangspegel des Compare-Modus 1

Die in das linke D-Flip-Flop durch das Programm hineingeschriebene Information (1 oder 0) erscheint unmittelbar am Ausgabepin. Im Compare-Modus 1 ist der Schalter 'Compare-Modus 1 enable' in die im Bild gezeigte Position geschaltet. Schreibt das Programm nun in das linke D-Flip-Flop, so übergibt das rechte D-Flip-Flop die Information erst dann an den Ausgabepin, wenn ein Compare-Ereignis eintritt. Da jedes Compare-Ereignis einen Interrupt generieren kann, ist es dem Programm möglich, sofort auf einen Pegelwechsel zu reagieren, beispielsweise um das aktuelle Compare-Register neu zu laden.

In beiden Compare-Modi erscheint das Compare-Ausgangssignal im gleichen Maschinenzyklus, in dem die Inhalte des Timer 2 und die des Compare-Registers übereinstimmen. Das Compare-Ereignis ist so lange aktiv, wie der Timer-2-Inhalt dem des Compare-Registers entspricht. Ein Schreibbefehl vom Programm in das Port-Latch während des Compare-Ereignisses, beeinflußt beide D-Flip-Flops. Die Einstellung der verschiedenen Compare/Capture-Betriebsarten geschieht über das CCEN-Register.

Capture

Der Capture-Modus (capture = fangen) wird durch ein externes Eingangssignal oder einen Schreibbefehl in das Low-Byte des aktuellen Capture-Registers ausgelöst. Dabei wird der in diesem Moment aktuelle Inhalt des Timer 2 in das entsprechende Register geladen (gefangen). Eine naheliegende Anwendung ist das Ausmessen externer oder interner Ereignisse, beispielsweise von Pulsen oder Programmlaufzeiten.

Serielle Schnittstelle

Die serielle Schnittstelle arbeitet 'vollduplex', d. h., sie kann simultan senden und empfangen. Sie besitzt einen Empfangspuffer und kann somit den Empfang eines zweiten Bytes beginnen, bevor das vorher empfangene Byte aus dem Pufferregister gelesen wurde. Wird das erste Byte nicht gelesen, bevor das zweite Byte vollständig empfangen ist, geht eines der beiden Bytes verloren.

Die seriellen Sende- und Empfangsregister sind unter der Adresse des SFR SBUF anzusprechen. Schreiben nach SBUF lädt das Senderegister, Lesen aus SBUF greift auf das physikalisch getrennte Empfangsregister zu.

Die serielle Schnittstelle hat vier Betriebsmodi.

Modus 0 (Schieberegister-Modus)

Die seriellen Daten werden im Modus 0 durch P3.0/RXD empfangen oder gesendet. P3.1/TXD gibt den Schiebetakt aus. Es werden 8 bit gesendet oder empfangen (zuerst das LSB). Die Übertragungsrate ist fest eingestellt (fosz/12).

Modus 1

Es werden im Modus 1 10 bit durch P3.0/RXD empfangen und/oder durch P3.1/TXD gesendet: ein Startbit (LOW), 8 Datenbit (zuerst LSB) und ein Stoppbit (HIGH). Beim Empfang geht das Stoppbit in das Bit RB8 (SCON.2). Die Baudrate ist durch Timer 1 einstellbar.

Modus 2

Modus 2 empfängt 11 bit durch P3.0/RXD und/oder sendet sie über P3.1/TXD: ein Startbit (LOW), 9 Datenbits (zuerst das LSB) und ein Stoppbit (HIGH). Beim Senden des neunten Datenbits (TB8 in SCON.2) kann der Wert HIGH oder LOW sein. Beispielsweise kann das Paritybit (P in PSW.0) nach TB8 (SCON.3) transportiert werden. Beim Empfang kommt das neunte Datenbit nach RB8 (SCON.2), während das Stoppbit ignoriert wird. Die Baudrate ist mit SMOD auf fosz/32 (SMOD = 1) oder fosz/64 (SMOD = 0) programmierbar.

In der seriellen Schnittstelle des 80515 wurde für 4800 und 9600 bd ein besonderer Timer integriert. Damit sind die beiden Standardbaudraten mit einem 12-MHz-Quarz auch ohne den Timer 1 des 8051 oder ohne den Timer 2 des

8052 generierbar. Diese Funktion ist eingeschaltet, wenn das Bit BD (ADCON.7) auf 1 gesetzt ist. Ein besonderer Baudratengenerator teilt in diesem Falle die Oszillatorfrequenz durch 1250 (für 9600 bd) oder durch 2500 (für 4600 bd). Mittels des Bits SMOD (PCON.7) lassen sich die Baudraten umschalten. SMOD.7 = 0 ergibt 4800 bd, SMOD.7 = 1 ergibt 9600 bd.

Modus 3

Die Schaltung empfängt im Modus 3 über P3.0/RXD und/oder sendet über P3.1/TXD 11 bit: ein Startbit (LOW), 9 Datenbits (zuerst das LSB) und ein Stoppbit. Modus 3 entspricht Modus 2, die Baudrate wird jedoch durch Timer 1 eingestellt. Der Sendevorgang wird in allen vier Modi durch einen Befehl ausgelöst, der SBUF als Ziel angibt. Die Empfangsbereitschaft wird in Modus 0 durch die Bedingungen RI (SCON.0) = 0 und REN (SCON.4) = 1 hergestellt. In den anderen Modi initialisiert das ankommende Startbit den Startvorgang, falls REN (SCON.4) 1 ist.

Systemtaktausgang

In vielen Applikationen ist ein zusätzlicher Systemtakt wünschenswert. Benötigt die Schaltung keine externen Speicher, ist hierzu auch das ALE-Signal (Address-Latch-Enable) verwendbar (fosz/6). Im 80515 ist der interne Systemtakt (fosz/12) bei Bedarf an Pin CLKOUT/P1.6 verfügbar. So ist es nicht erforderlich, einen eigenen Systemtakt zu generieren bzw. diesen vom Quarzoszillator des 80515 abzuleiten. Das High/Low-Verhältnis des Ausgangsimpulses beträgt 5:1. Der interne Systemtakt wird ausgegeben, wenn Bit CLK (ADCON.6) auf 1 gesetzt wird. Der Tacktausgang (CLKOUT/P1.6) ist zuvor auf 1 zu setzen.

Analog/Digital-Wandler

Diese Abschnitt beschreibt Eigenschaften und Handhabung des A/D-Wandlers. Der Analog/Digital-Wandler des 80515 hat folgende Eigenschaften:

- 8-bit-Auflösung
- 8 Analogeingänge (Multiplex)
- Sample & Hold-Schaltung, Sample-Zeit 5 µs bei 12 MHz
- Wandlungszeit 15 µs bei 12 MHz (einschließlich der 5 µs Sample-Zeit)
- Interrupt nach der Wandlung möglich
- In 16 Stufen programmierbare Referenzspannungen
- 8 Digitaleingänge beim 80C515

Die Analog-Eingänge sind auch als Digital-Eingänge zu verwenden, wenn sie als Analog-Eingänge nicht benötigt werden. Beim 80C515 gibt es dafür ein eigenes Register (Port 6 [DBH]). Es ist dazu für jede Abfrage eine Wandlung erforderlich. Das Ergebnis ist dann auf > 2,5 V abzufragen. Dies kann für selten abzufragende Eingangssignale eine kostengünstige Lösung sein.

Der A/D-Wandler des 80515 arbeitet nach dem Prinzip der sukzessiven Approximation mittels kapazitiver Ladungsverteilung. Dieses Schaltungsverfahren ist im Vergleich zu den meist anzutreffenden Widerstandsketten unempfindlicher gegenüber Spannungs- und Temperaturschwankungen.

Ein Schreibbefehl in das DAPR-Register startet die Wandlung. Am Wandlungsende wird eine

Interrupt-Request generiert. Das ADDAT-Register (A/D-Wandler-DATen) enthält nach der Wandlung das Resultat. Es bleibt so lange im Register, bis es durch die folgende Wandlung wieder überschrieben wird. Auf das ADDAT-Register kann schreibend und lesend zugegriffen werden. Wird der A/D-Wandler nicht benötigt, ist es als allgemein verwendbares RAM-Register einsetzbar. Die beiden Steuerregister DAPR (D/A-Wandler-Programmierung) und ADCON-Register (A/D-Wandler-CONtrol) erlauben alle Wandlerfunktionen einzustellen.

Stufe	DAPR 0-3 DAPR 4-7	Hex	IVAGND (V)	IVAREF (V)
0	0000	0	0,1	5,0
1	0001	1	0,31	-
2	0010	2	0,62	-
3	0011	3	0,94	-
4	0100	4	1,25	1,25
5	0101	5	1,56	1,56
6	0110	6	1,87	1,87
7	0111	7	2,19	2,19
8	1000	8	2,5	2,5
9	1001	9	2,81	2,81
10	1010	A	3,12	3,12
11	1011	B	3,44	3,44
12	1100	C	3,75	3,75
13	1101	D	-	4,06
14	1110	E	-	4,37
15	1111	F	-	4,69

Die internen programmierbaren Referenzspannungen

Programmierung der internen Referenzspannungen

Im DAPR-Register sind je 4 bit zur Programmierung der internen Referenzspannungen vorgesehen. Ist das Register gelöscht, z. B. nach einem RESET, entsprechen die internen den externen Referenzspannungen (0 und 5 V). Die externen Referenzspannungen sind nicht variabel (VAREF = VCC) 5% und VAGND = VSS ± 0,2 V). Der Grund hierfür liegt darin, daß die Eingangsschaltung des Wandlers über die Referenzspannung versorgt werden muß, um die spezifizierte Genauigkeit und Stabilität zu erreichen.

Die folgende Tabelle zeigt die intern einstellbaren Spannungswerte. Der minimale Abstand zwischen den internen Referenzspannungen muß für ein korrektes Wandlungsergebnis 4 Stufen (ca. je 1 V) betragen. Liegt der zu messende Analogwert unter 0 oder über 5 V, so enthält das Ergebnisregister (ADDAT) nach der Wandlung den Wert 0 bzw. FFH. In diesem Falle ist auf die maximalen Grenzwerte der Eingangsspannungen zu achten. Die folgende Tabelle zeigt die Stufen (Hex-Werte) im DAPR-Register und die dazugehörenden Spannungswerte.

Applikationen für die programmierbare Referenzspannung

Für die Programmierbarkeit der Referenzspannungen gibt es zwei naheliegende Applikationen: Erhöhen der Wandlergenauigkeit und Anpassen unterschiedlicher Analogspannungsbereiche an den Eingangsspannungsbereich des A/D-Wandlers.

Erhöhen der Wandlerauflösung

Eine A/D-Wandlung ohne programmierte Referenzspannungen löst 8 bit auf (ca. 20 mV). Engt man den Bereich der internen Referenzspannung um den bei einer Wandlung gemessenen Wert ein und führt dann eine zweite Wandlung durch, läßt sich die Auflösung, bezogen auf den Spannungsbereich 0 bis 5 V, bis auf ca. 10 bit (ca. 5 mV) erhöhen.

Innerhalb des engeren Bereichs erreicht der Wandler ebenfalls eine 8-bit-Auflösung. Das Bild rechts stellt den Sachverhalt dar. Die maximale theoretische Auflösung beträgt mit diesem Verfahren 12 bit. Da jedoch mindestens 4 Stufen (1 V) Abstand zwischen beiden internen Referenzspannungen einzuhalten sind, kann nicht mehr als eine 10-bit-Auflösung erreicht werden.

Beachte:

Die Genauigkeit der Wandlung steigt durch die höhere Auflösung nicht, sondern sich vermindert. Die Einstellung der Referenzspannungen, d. h. die dazu erforderliche D/A-Wandlung, führt der 8-bit-genaue D/A-Wandler vor jeder Wandlung durch. Deshalb ist das Ergebnis ungenauer. In vielen Regelungsapplikationen ist jedoch die Auflösung das entscheidende Kriterium. Die Einstellgenauigkeit der Stufen beträgt ca. 10 mV (9 bit).

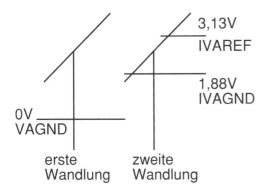

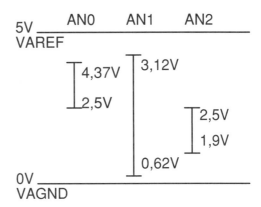

Anpassen verschiedener Analogspannungsbereiche

Anpassen unterschiedlicher Analog-Eingangsspannungsbereiche an den Wandler

Oft entsprechen die Bereiche der externen Analogspannungsquellen nicht dem Eingangsspannungsbereich des A/D-Wandlers von 0 bis 5 V. Üblicherweise paßt man die Spannungsbereiche mittels Operationsverstärker an den Wandlereingang an.

Durch die Programmierbarkeit der internen Referenzspannungen kann der externe Spannungsbereich durch die Software individuell an den Eingangsspannungsbereich des Wandlers angepaßt werden. Die 8-bit-Auflösung bleibt dabei erhalten. Dadurch ist unter Umständen externe Hardware einzusparen.

Hinweise zu den Spezifikationen des Wandlers

Maximale Analogeingangsspannungen

Die im Datenblatt für alle Eingänge und Ausgänge spezifizierten Spannungsgrenzen von -0,5 V bis 7 V gelten auch für die Analog-

Eingänge. Spannungen außerhalb dieses Bereichs können den Baustein zerstören. Auch Betriebszeiten (mehrere hundert Stunden) im Bereich der Grenzwerte können die Eigenschaften des Bausteins soweit ändern, daß er nicht mehr innerhalb der spezifizierten Werte liegt. Deshalb sollten die Spannungswerte für den Normalbetrieb eingehalten werden. Liegt die analoge Eingangsspannung über VAREF bzw. unter VAGND, so beträgt das Wandlungsergebnis FFH bzw. 0H. Die maximale analoge Eingangsspannung ist VAGND $-0.2\ V \leq VAINPUT \leq +0.2\ V$.

Analogeingangswiderstand

Da der A/D-Wandler mit einem kapazitiven Netzwerk (statt dem R-2R-Netzwerk) arbeitet, ist der ohmsche Eingangswiderstand vernachlässigbar ($> 10\ M\Omega$). Während der Sample-Zeit ist jedoch eine kapazitive Belastung wirksam. In diesem Zeitraum ist die Hold-Kapazität auf den zu digitalisierenden Spannungswert aufgeladen. Deshalb muß die Analogspannungsquelle so niederohmig sein, daß die Kapazität in der verfügbaren Sample-Zeit (5 µs bei 12 MHz fosz) hinreichend aufgeladen wird. Dies ist bei maximal 50 pF Kapazität (typisch 25 pF) mit <10 kΩ oder Innenwiderstand der Analogspannungsquelle sichergestellt.

Die erforderlichen Zeiten errechnen sich aus:

$$U(t) = U_{max} \left[1 - e^{-\frac{t}{RC}} \right]$$

U(t)   Spannung an der Kapazität
t   Zeit
R   Innenwiderstand der Analogspannungsquelle
C   Eingangskapazität des A/D-Wandlers
Umax   maximal zu erreichende Spannung

$$T_s = 10 * (R * C)$$

Die folgende Tabelle zeigt den Prozentsatz verschiedener RC-Konstanten und den Prozentsatz, auf den sich die Spannung aufgeladen hat.

t	U/Umax %
1 RC	63 %
2 RC	87 %
5 RC	99,3 %
8 RC	99,97 %
10 RC	99,995 %

RC-Zeitkonstanten und resultierende U/Umax-Verhältnisse

Der Innenwiderstand bei einem Fehler < 0,005% errechnet sich dann aus:

$$R = \frac{T_s}{10 * C}$$

Im aktuellen Fall ist

$$R = \frac{5\mu s}{10 * 50\ pF} = 10\ k\Omega$$

VBB-Pin

Der Anschluß VBB (Pin 37) ist beim 80515 mit dem Chip-Substrat verbunden. Ein interner Spannungsgenerator erzeugt eine gegenüber Masse negative Vorspannung. Das Rauschen dieses Generators kann die Wandlergenauigkeit beeinflussen. Eine Kapazität zwischen VBB und Masse (100 nF Keramik) glättet diese Störung.

Der Mikrocontroller 80(C)535

Beachte:

Beim 80C515 liegt dieser Anschluß auf VCC. Steckt man einen 80515 in eine für den 80C515 vorgesehene Schaltung, so wird er sehr schnell unter Hitzeentwicklung zerstört.

Externe Referenzspannungen

Die externen Referenzspannungen sind mit 0 und 5 V spezifiziert. Dabei kann

VAGND = VSS ± 0,2 V und
VAREF = VCC ± 5% sein.

Die Referenzspannung ist also nicht beliebig einstellbar. Das ist nur mittels der internen Referenzspannungen durch Software möglich. Es ist nicht empfehlenswert, VAREF unmittelbar an VCC zu legen. Rauschen und Spannungsspitzen (Spikes) auf der Versorgungsspannung würden die Wandlergenauigkeit beeinträchtigen. Der Eingangsstrom von VAREF ist max. 5 mA. Deshalb soll der Innenwiderstand der Referenzspannungsquelle $\leq$ 1 kΩ sein. Der relativ hohe Eingangsstrom wird benötigt, um die internen Analog-Eingangsschaltungen mit einer eigenen Betriebsspannung zu versorgen.

Watchdog-Timer

Der Watchdog-Timer (WDT) erhöht die Systemsicherheit und -zuverlässigkeit. Gerät das Programm durch externe Störungen oder Programmfehler außer Kontrolle, vermag der WDT mit einer gewissen Wahrscheinlichkeit das Programm neu zu synchronisieren.

Der WDT besteht aus einem 16-bit-Zeitgeber. Er wird mit dem internen Systemtakt (fosz/12) versorgt. Nach dem externen RESET ist der WDT nicht aktiv. Er ist durch das Programm startbar, kann dann aber nicht mehr gestoppt werden. Hat das Programm den WDT gestartet, ist er nur durch einen externen RESET wieder zu stoppen. Das Programm kann den WDT auf 0 rücksetzen. Der WDT generiert bei jedem Überlauf (nach 65 532 µs bei 12 MHz fosz) einen internen RESET. Dieser unterscheidet sich von einem externen dadurch, daß der WDT weiterhin aktiv bleibt und daß das WDT-Statusbit WDTS (IP0.6) nicht zurückgesetzt wird. Durch Abfrage dieses Bits mittels Software läßt sich die RESET-Ursache (WDT-RESET oder externer RESET) erkennen. Es können dann geeignete Fehler-, Initialisierungs- oder Diagnoseprogramme aufgerufen werden. Nach dem WDT-RESET läuft der WDT weiter.

Bei den meisten Applikationen setzt das Programm den WDT immer rechtzeitig vor dem Timer-Überlauf zurück und verhindert so den internen RESET. Gerät das Programm wegen einer externen Störung oder eines Programmfehlers außer Kontrolle, so unterbleibt mit einer gewissen Wahrscheinlichkeit das rechtzeitige Rücksetzen des WDT durch das Programm. Der durch den darauf folgenden WDT-Überlauf intern erzeugte RESET startet das Programm neu. Bei einem WDT-RESET kann das Programm, je nach Applikation, einen Alarm ausgeben, die WDT-RESETs zählen, um z.B. erst nach dem zehnten Mal zu reagieren, oder eine Fehlerdiagnose versuchen. Es gibt auch Applikationen mit freilaufendem WDT, d. h. mit beabsichtigtem, regelmäßigem internen WDT-RESET. In diesem Falle ist die Synchronisierung immer garantiert.

Handhabung des Watchdog-Timers

Nach dem externen RESET enthält der WDT den Wert 0000H. Durch Setzen des Bits SWDT (Start WDT in IEN1.6) startet das Programm den WDT. Er ist durch Software nicht mehr anzuhalten. Durch Setzen der Bits WDT (IEN0.6) und SWDT (IEN1.6) unmittelbar nacheinander wird der WDT zurückgesetzt. Diese zum Rücksetzen erforderliche Doppelinstruktion hat man gewählt, um die Wahrscheinlichkeit eines versehentlichen Rücksetzens zu verringern. Unterbleibt das Rücksetzen, generiert der WDT beim Timerstand FFFCH für die Dauer von 4 Maschinenzyklen den internen RESET. Durch Abfragen des Bit WDTS (WDT-Status in IP0.6) erkennt das Programm die RESET-Ursache (0 = externer RESET, 1 = WDT-RESET).

Interrupt

In vielen Applikationen müssen Mikrocontrollersysteme auf nicht vorhersehbare Ereignisse schnell reagieren (Echtzeitanwendungen). Diese Forderung erfüllt die Interrupt-Schaltung. Ein durch ein internes oder externes Ereignis ausgelöster Interrupt unterbricht das gerade laufende Programm. Es verzweigt auf die dem aktuellen Interrupt zugeordnete Adresse und von dort auf den dem Interrupt zugeordneten Programmteil (Interrupt-Service-Routine). Ist das Interrupt-Programm abgearbeitet, wird das Programm an der zuvor unterbrochenen Stelle fortgesetzt. Ein gerade laufendes Interrupt-Programm kann seinerseits durch einen Interrupt aus einer weiteren Quelle unterbrochen werden, wenn der neue Interrupt über eine höhere Unterbrechungspriorität verfügt. Bei gleicher oder niedrigerer Priorität wartet der neue Interrupt so lange, bis der aktuelle Interrupt abgearbeitet ist. Erst dann wird er wirksam. Ein Interrupt wird durch Setzen des Interrupt-Request-Flags (Anforderungs-Flag) ausgelöst. In einigen Fällen löscht die Hardware diese Flags bei der Ausführung des Interrupts. In anderen Fällen müssen diese Flags durch die Software gelöscht werden. Die Interrupt-Schaltung des 80515 umfaßt zwölf Quellen und vier Prioritätsebenen. Das Interrupt-Enable-Register IE [A8H] im 8051 wurde in IEN0 umbenannt. Das Interrupt-Prioritäts-Register IP (B8H) wurde in IP0 mit der neuen Adresse [B9H] umgewandelt. Alle Interrupts sind einzeln über entsprechende Bits in den Interrupt-Enable-Registern IEN0 und IEN1 freizugeben (enable) oder zu sperren (disable). Das Bit EAL in (IEN0.7) kann alle Interrupts gemeinsam, unabhängig von der individuellen Einstellung, sperren.

Die Special-Function-Register der Interrupt-Schaltung sind:

P0   Interrupt-Priority-Register 0 [A9H]
IP1 Interrupt-Priority-Register 1 [B9H]
IEN0 Interrupt-Enable-Register 0 [A8H]
IEN1 Interrupt-Enable-Register 1 [B8H]
IRCON Interrupt-Request-Control [C0H]

Externe Interrupts 0 und 1

Eine negative Flanke oder ein LOW-Pegel an P3.2 (/INT0) bzw. P3.3 (/INT1) aktiviert den Interrupt 0 und den Interrupt 1. Sind die Bits IT0 bzw. IT1 (TCON.0 bzw. TCON.2) auf 1 gesetzt, ist die fallende Flanke das den Interrupt auslösende Moment, andernfalls ist es der LOW-Pegel.

Interrupts der Timer 0 und 1

Laufen die Timer über, setzen sie die Interrupt-Request-Flags TF0 (TCON.5) bzw. TF1 (TCON.7) und lösen dadurch den Timer 0 bzw. 1 Interrupt aus. Vorausgesetzt, daß sie im Interrupt-Enable-Register durch die Bits EA (IE.7) und ET0 (IE.1) bzw. ET1 (IE.3) freigegeben waren.

Timer 2 Interrupt

Die Interrupt-Requests des Timer 2 sind durch die zwei Interrupt-Quellen (TF2 + EXF2) aktivierbar. Der Timer-2-Interrupt ist durch den Timer-Überlauf über das Interrupt-Request-Bit TF2 (IRCON) oder durch das externe Reload-Signal (negative Flanke an Pin T2EX/P1.5) über das Interrupt-Request-Bit EXF2 (IRCON) auslösbar. Das Programm kann durch Abfragen dieser beiden Flags ermitteln, welche der beiden Interrupt-Quellen aktiv wurde.

Interrupt der seriellen Schnittstelle

Dieser Interrupt wird entweder durch das RI- (SCON.0) oder das TI-Bit (SCON) ausgelöst, vorausgesetzt, die Freigabebits EA (IE) und ES (IE) waren auf 1 gesetzt. Die Hardware löscht diese Bits nicht. Normalerweise muß die Software durch Abfragen die Interrupt-Quelle (RI oder TI) ermitteln.

A/D-Wandler-Interrupt

Dieser Interrupt wird nach einer abgeschlossenen A/D-Wandlung (15 Maschinenzyklen nach einem Schreibbefehl in das DAPR) über das Interrupt-Request-Bit IADC (IRCON) aktiviert. Das Resultat steht im Register ADDAT. Der Interrupt muß über das Interrupt-Enable-Bit EADC (IEN1) freigegeben sein.

Externer Interrupt 2

Der externe Interrupt 2 ist durch eine positive oder negative Flanke an P1.4 auslösbar. Der Inhalt von Bit I2FR (T2CON) bestimmt, ob das Interrupt-2-Request-Flag IEX2 (IRCON) entweder durch eine positive (I2FR = 1) oder eine negative (I2FR = 0) Flanke an Pin P1.4/ INT2 gesetzt wird.

Externer Interrupt 3

Dieser Interrupt ist durch eine positive oder negative Flanke an P1.0 auszulösen, je nachdem, ob das I3FR-Bit (T2CON) auf 1 oder 0 gesetzt ist. 1 bedeutet, der Interrupt wird durch eine positive und 0 durch eine negative Flanke ausgelöst. Das Interrupt-Eingangssignal setzt das Interrupt-Request-Bit IEX3 (IRCON), wenn der Interrupt durch das Interrupt-Enable-Bit EX3 (IEN1) freigegeben war und löst dadurch den Interrupt aus. Bei der Verzweigung auf die Interrupt-Service- Routine wird das Interrupt-Request-Bit IEX3 durch Hardware gelöscht. Der externe Interrupt 3 ist mit der Capture-0-Eingangs- oder mit der Compare-0-Ausgangsfunktion verknüpfbar.

Externe Interrupts 4, 5 und 6

Diese Interrupts werden durch eine positive Flanke an den Pins P1.1, P1.2 oder P1.3 aktiviert. Die Interrupt-Request-Flags IEX4 (IRCON), IEX5 (IRCON) und IEX6 (IRCON) werden gesetzt, wenn sie durch die entsprechenden Interrupt-Enable-Bits EX4 (IEN1), EX5 (IEN1) und EX6 (IEN1) durch HIGH freigegeben waren. Die externen Interrupts 4, 5 und 6 sind mit den Capture-Funktionen 1, 2 oder 3 verknüpfbar. Außerdem kann ein Compare-1-, -2- oder -3-Ereignis das Interrupt-Request-Bit EX4, EX5 oder EX6 setzen und dadurch den Interrupt auslösen.

Software-Interrupts

Alle Interrupt-Request-Bits können, mit dem gleichen Resultat, durch Software gesetzt werden. Ausnahmen bilden die externen Interrupts 0 und 1, wenn sie so programmiert sind, daß sie durch den negativen Pegel eines Signals ausgelöst werden. In diesem Falle sind die Interrupts 0 und 1 durch Schreiben in die Port-Flags /INT0 (P3.2) und /INT1 (P3.3) auslösbar.

Interrupt-Prioritätsstruktur

Der 8051 verfügt über zwei Interrupt-Prioritätsebenen, der 80515 über vier. Die Interrupt-Schaltung des 80515 ist zum 8051 funktionskompatibel. Wegen der erweiterten Prioritätsschaltung weicht jedoch die Methode, die Prioritäten einzustellen, von der für den 8051 erforderlichen ab. Je ein Interrupt-Paar des 80515 ist auf eine der vier Prioritätsebenen programmierbar. Es ist also nicht jede Interrupt-Quelle unabhängig von jeder anderen auf eine der vier Prioritäten einzustellen. Stehen mehrere Interrupts gleichzeitig an, entscheidet die eingestellte Priorität über die Reihenfolge, in der sie abgearbeitet werden.

hohe →	niedere	Priorität
Interrupt-Quellenpaare		
IE0	IADC	hohe
T0	IEX2	
IE1	IEX3	
T1	IEX4	
RI + TI	IEX5	
T2 + EXF2	IEX6	niedere

Fest eingestellte Prioritätsebenen

Ist für alle Interrupts die gleiche Prioritätsebene programmiert, arbeitet die Schaltung die Interrupts nach einer fest vorgegebenen Reihenfolge ab. Der Interrupt mit der höchsten Priorität kann durch keinen anderen Interrupt unterbrochen werden.

Innerhalb eines Paares hat die linke Interrupt-Quelle die höhere Priorität. Sind alle Paare auf die gleiche Prioritätsebene programmiert, hat das in der Tabelle an höherer Stelle aufgelistete Paar die höhere Priorität.

Unterschiede zwischen 80515 und 80C515

Es gibt folgende Unterschiede zwischen dem 80515 und 80C515:

☐ Power-Down- und Idle-Modi entsprechen beim CMOS-Typ dem des 80C51.

☐ Der zum A/D-Wandler des 80515 gehörende VPD-Pin (37) liegt beim CMOS-Typ auf VSS.

☐ Pin 37 (VBB) des 80515 liegt an VSS. Deshalb ist darauf zu achten, daß die NMOS- und CMOS-Bausteine nicht unbesehen ausgetauscht werden können. Liegt beim 80515 Pin 37 auf VCC, wird der Baustein zerstört.

☐ Den A/D-Wandler-Eingängen ist ein SFR (DBH) als Eingangsport zugeordnet. Damit lassen sich die Analogeingänge unmittelbar auch als Digitaleingänge verwenden.

☐ Pin 4 (/PE (Power Saving Mode enable)) hat eine neue Funktion. Liegt das Signal auf LOW, sind die Modi Idle und Power Down freigegeben. Liegt das Signal auf HIGH, sind diese Modi nicht anzuwenden.

☐ Der Unterschied in der Oszillatorschaltung besteht darin, daß, wenn der MC von einer externen Quelle versorgt wird, diese beim 80C515 an XTAL2 anliegen muß. XTAL1 darf nicht beschaltet werden.

Gehäuse

Der 80515 wird ausschließlich im PLCC68-Gehäuse angeboten. Die die Maßzeichnung am Schluß den 80C515-Datenblatts im Anhang. Da diese Gehäuse auf allen vier Seiten Anschlüsse haben, ist die Reflow-Löttechnik empfehlenswert. Beim Einsatz der Reflow-Löttechnik ist die Anlieferung der Bausteine in Trockenverpackung zu empfehlen. Andernfalls kann das schnelle Aufheizen des Bausteins zur Zerstörung des Gehäuses führen (Popkorneffekt).

C Glossar

Erklärung technischer Begriffe aus der Mikrocontroller-Welt

(→ nach Begriffen verweist auf die entsprechende Erklärung)

Ablaufsteuerung: Hardware → aus ROM- → PLA- und/oder Logikbausteinen zur Steuerung komplexer Schaltungen. Beispielsweise Befehlsdekodierungen in Mikrocontroller, Rechenwerken, sequentiellen Steuerungen usw.

Access Time (Zugriffszeit): Zugriffszeit auf Register, Speicher oder externe Datenträger (Floppy Disk, Hard Disk usw.).

Adresse: Zahl oder symbolischer Name zur Identifizierung eines Registers, Speicherworts (RAM/ROM) oder Bereichs, Eingabe-/Ausgabe-Kanals, von Mikrocomputern in Multi-Mikrocomputer-Systemen, eines Peripheriebausteins oder einer anderen Funktionseinheit.

Adressierungsarten (addressing modes): Zur einfachen Handhabung der Daten im MC gibt es vielfältige Adressierungsmöglichkeiten. Die Bezeichnungen der Hersteller sind nicht einheitlich. Die wesentlichen Arten sind:

direkt: Der Adreßteil (mindestens ein Byte) bezieht sich nur auf den damit adressierbaren Speicherausschnitt (256 Adressen). Der Vorteil dieser Adressierung liegt in kürzeren und schnelleren Programmteilen.

extended: Über diese Adresse ist der gesamte Speicherbereich ansprechbar.

inherent: Der Operationsteil des Befehls benennt selbst Quelle oder Ziel, beispielsweise Akkumulator, Register, Carry Flag usw.

immediate: Der Adreßteil des Befehls wird nicht als Adresse, sondern als Operand (Konstante) verwendet.

indiziert: Die Absolutadresse ergibt sich aus der Summe des Adreßteils und dem Inhalt eines Indexregisters (R0 und R1 der aktuellen Registerbank, Data- oder Stack Pointer (bei der 8051-MC-Familie)). Dies ist besonders bei der Tabellenverarbeitung interessant, da Indexregister meist eine einfache Adreßarithmetik zulassen.

Register- oder **Akkumulator-:** Der Register- oder Akkumulatorinhalt wird als Indexregister behandelt.

relativ: Diese Adressierungsart wird überwiegend bei bedingten Sprungbefehlen verwendet. Die Absolutadresse ergibt sich aus der Addition des Adreßteils des Befehls mit der Adresse des aktuellen Befehlszählerinhalts. Das MSB → wird dabei üblicherweise als Vorzeichen interpretiert. Die maximale Sprungweite beträgt dann + 127 und - 128 Adressen.

Stack-: Die Absolutadresse steht im Stack Pointer. Bei der Befehlsausführung wird über den Stack Pointer auf das entsprechende Wort im Stack-Speicher zugegriffen.

Adreßteil: Teil des Befehls, der die Adresse bzw. die Adressen des bzw. der Operanden enthält.

Akkumulator (A): Das rechenfähige Register → in einem Rechenwerk (CPU = Central Processing Unit). In den meisten MC laufen alle arithmetischen Operationen über einen (bei der 8051-MC-Familie) oder mehrere Akkumulatoren. Sie sind dann Quelle oder Ziel vieler Transport- oder Arithmetikbefehle.

Algorithmus: Beschreibung des Verfahrens zur Lösung eines Problems.

ALU: Arithmetic Logic Unit = Rechenwerk.

Analoges Signal: Signal → mit kontinuierlichem Amplituden/Zeitverhalten.

Anforderungsprofil: Summe der Forderungen einer Aufgabe an die Hardware und Software eines MC-Systems. Das Anforderungsprofil einer Anwendung sollte möglichst genau mit dem Leistungsprofil einer MC-Hardware und -Software übereinstimmen.

Anweisung (Statement): Eine in einer höheren Programmiersprache abgefaßte Arbeitsvorschrift. Eine Anweisung kann Teile enthalten, die Anweisungen oder Vereinbarungen sind. Siehe aber Befehl →.

ASCII-Code (American Standard Code for Information Interchange): Dieser Code definiert Zeichen zur Nachrichtenübermittlung. Der ASCII-Code vereinbart die Ziffern 0 bis 9, das kleine und große Alphabet, Sonderzeichen, z. B. *, +, >, <, und 33 Steuerzeichen.

Assembler: Ein Programm zur Übersetzung eines in Assemblersprache geschriebenen Programms in ein auf dem Zielrechner ablauffähiges Maschinenprogramm. Adressen und mnemotechnische Bezeichnungen für Befehle können in der Assemblersprache symbolisch bezeichnet werden. Im Gegensatz zum Compiler → entspricht im zu assemblierenden Programm jeder Befehl einem Maschinenbefehl.

Die Übersetzung erfolgt Befehl für Befehl. Der Assembler prüft auf Verletzung der Syntaxregeln. Nach der Übersetzung kann ein Adreßbuch ausgegeben werden. Es enthält alphabetisch geordnet Symbole der Marken für Sprungziele und Variablen, die Adressen der Symbole und Verweise auf die Sprungziele.

Man unterscheidet Ein-, Zwei- und Dreipass-Assembler. Darunter versteht man die Anzahl der erforderlichen Durchläufe des Assembler-Programms durch die zu assemblierende Programmliste. Beim Einpass-Assembler müssen die symbolischen Marken (Labels) immer definiert sein, bevor sie ein Befehl das erste Mal anspricht. Andernfalls kann der Assembler die Adresse nicht zuordnen. Beim Zweipass-Assembler wird im ersten Durchlauf die Adressentabelle der Marken (Labels) erstellt und im zweiten Durchlauf erfolgt die Zuordnung der Adressen in den Befehlsteilen. Im dritten Pass erstellt der Assembler Referenzlisten. Dabei wird bei jeder angesprochenen Adresse die Zeilennummer oder Adresse angegeben, von wo sie angesprochen wird. Komfortable Assembler können Makros → verarbeiten.

Asynchron: Zwei oder mehr Ereignisse, die keinen zeitlichen Bezug zueinander haben. Asynchronität findet man oft in Kommunikationsprotokollen.

BASIC (Beginners All Purpose Symbolic Instruction Code): Eine verbreitete einfache, höhere Programmiersprache. Die Sprache ist leicht zu lernen und wurde vom Dartmouth College für den 225-Computer von General Electric entwickelt. Verbreitet ist das 8052-BASIC.

Baud (Bd): Einheit der Schrittgeschwindigkeit pro Sekunde S →. 1Bd = 1S/s

BCD (Binary Coded Decimal): Binär verschlüsselte Dezimalzahl. Eine BCD-Ziffer benötigt 4 bit.

Befehl (Instruction): Eine Anweisung →, die sich in der benutzten Sprache nicht mehr in Teile zerlegen läßt, die selbst Anweisungen sind.

Auch Instruktion oder Befehlscode genannt. Ein Befehl ist Teil des Befehlsvorrats, der alle verschiedenen Befehle umfaßt, die von einem bestimmten Computer-Typ verstanden werden. Ein Befehl besteht meist aus einem Operationsteil und einem oder zwei Adreßteilen. Die wichtigsten Befehlstypen der 8051-MC-Familie sind:

- Transportbefehle
- Arithmetische Befehle

- ❏ Logische Befehle
- ❏ Datenmanipulationsbefehle
- ❏ Verzweigungs- und Sprungbefehle

Befehlsvorrat: Die Menge der unterschiedlichen Befehle → einer bestimmten maschinenorientierten Programmiersprache.

Befehls- oder Programmzähler (Program Counter): Register in der Programmablaufsteuerung. Er enthält die Adresse des jeweils auszuführenden Befehls und ist rechenfähig, denn nach der Befehlsausführung oder bei relativen Sprung- oder Verzweigungsbefehlen initialisiert er die neue Adresse über Addition oder Subtraktion.

Benchmark (Vergleichspunkt): Vergleich der Hardware- und/oder Software-Eigenschaften verschiedener Rechnertypen. Bei Software-Benchmarks werden beispielsweise Ausführungszeit und Speicherbedarf oft benutzter Software-Programmteile verglichen. Beispiele dafür sind Blocktransport, Suchen in Tabellen, Unterprogrammbehandlung, 16-bit-Shift, Arithmetik- und Konvertierungsprogramme.

Von MC-Herstellern veröffentlichte Benchmarks sind skeptisch zu prüfen (in Deutschland sind Herstellerveröffentlichungen wegen Wettbewerbsverzerrungen verboten). Nur wenn die Randbedingungen nachvollziehbar sind, können sie wertvolle Hinweise geben. Normalerweise wählt man den MC entsprechend den Anforderungen der geplanten Applikationen aus. Abgesehen von den Bausteineigenschaften spielen dabei Preise, Verfügbarkeit von Erfahrung, Entwicklungshilfsmittel und Zweitlieferanten (Second Source) eine wichtige Rolle. Im Gegensatz zu den Personal Computern ist die Leistung keine absolute Größe. Wichtig ist, daß sie für die vorgegebene Aufgabe ausreicht. So wird man keinen 16-bit-MC einsetzen, wenn für die Aufgabe ein 8-bit-MC ausreicht.

Betriebssystem: Ein Programm, das die Hardware-Maschine eines Computers in eine Benutzer-Basismaschine wandelt. Die Leistungen eines Betriebssystems bestehen im Verwalten der Betriebsmittel. Typischerweise sind das Daten-, Programm- und Speicherverwaltung, Unterstützung der Programmentwicklung und Bereitstellen von Dienstprogrammen, um Peripheriegeräte (Konsole, Drucker, Harddisk, Magnetband usw.) anzusteuern sowie die Mehrbenutzerfähigkeit zu ermöglichen.

Binär: Genau zweier Werte fähig: die Eigenschaft bezeichnend, eines von zwei Binärzeichen als Wert anzunehmen, → Bit.

Binärzeichen: Zeichen aus einem Zeichenvorrat von zwei Zeichen. Beispiele dafür sind 1 und 0 oder L und H bzw. LOW und HIGH.

Bit: Kurzform für Binärzeichen. Kleinste Informationseinheit. In der Digitaltechnik wird ein Bit durch ein Signal → mit zwei möglichen Zuständen dargestellt.

Bond-out-Chip: MC-Baustein für Test und Emulation. Bei diesem Baustein sind die internen Busse (Daten-, Adreß- und Steuer-Bus) über Anschlüsse herausgeführt. Dadurch sind externe Speicher anschaltbar und der Programmablauf ist einfacher zu überwachen.

Boolesch: Die Bezeichnung 'Boolesch' und 'logisch' werden oft falsch verwendet und oft gleichgesetzt. Die zweiwertige mathematische Logik (wahr/falsch) wurde von dem Mathematiker G. Boole (1815-1864) auf der Basis der binären Arithmetik von G. W. Leibnitz entwickelt. Anschließend beschäftigte sich Boole auch mit einer 'Schaltungsalgebra', der sogenannten booleschen Algebra, die binäre Arithmetik und mathematische Logik derart verbindet, daß man Rechenoperationen nicht nur durch Symbole (0 und 1), sondern auch durch Zustände und Zustandsänderungen von binären Schaltern ausdrücken kann. In ihr gibt es nur einstellige Zahlen. Siehe dazu die Einführung in die Zahlensysteme im Abschnitt A im Anhang.

Boolesche Verknüpfungen sind:

```
Variable
                         a)   0101
                         b)   0011
UND (AND) Konjunktion         0001
ODER (OR) Disjunktion         0111
NICHT UND (NOR)               1110
NICHT ODER (NAND)             1000
NEGATION (NOT)           a)   1010
                         b)   1100
ÄQUIVALENZ Exklusives ODER    1001
```

Bottleneck (Flaschenhals): Engpaß.

Bottom-Up-Verfahren: Entwurfs- und Realisierungsverfahren, das von der Basismaschine - der untersten Ebene in der Hierarchie eines Projekts - ausgeht und darauf die übergeordneten Ebenen konzipiert. Siehe dazu Top-Down-Verfahren →.

Breakpoint (Unterbrechungspunkt): Betriebssysteme →, Debugger →, Monitore und

Emulatoren → enthalten zur Testunterstützung Test (Debug)-Programme. Diese ermöglichen, Breakpoints im Progammablauf vorzugeben. Ein Software-Breakpoint ist eine Adresse. Ein Hardware-Breakpoint unterbricht das Programm, wenn sich an einem ausgewählten Signal der Pegel ändert. Das Programm hält dann an der vorgegebenen Stelle an. Es ist so erkennbar, ob das Programm an dieser Stelle vorbeikommt und was sich bis zu diesem Zeitpunkt ereignete. Es lassen sich an dieser Stelle dann Register- und Speicherinhalte überprüfen oder das Programm ändern. Meist sind mehrere Breakpoints setzbar.

Burn-In (Einbrennen): Künstliches Altern. Um die Ausfallrate von Halbleiterbausteinen zu verringern und ihre Lebensdauer zu erhöhen, können die Bausteine zwischen 10 und 168 Stunden einer Temperatur von 129 °C ausgesetzt werden. Zuerst 168 Stunden, bis die Ausfallhäufigkeit über die Zeit zu überblicken ist. Die Burn-In-Zeit ist dann dementsprechend einzustellen.

Bus: Eine (serielle) oder mehrere (parallele) Verbindungen zwischen verschiedenen MC oder zwischen MC und Speicher bzw. Peripheriebausteinen. Es gibt Daten-, Adreß- und Steuerbusse. Die Zahl der Verbindungen eines parallelen Datenbusses entspricht meist der MC-Verarbeitungsbreite. Üblich sind 8 und 16 bit. Der Adreßbus dient der Adressierung externer Speicher (RAM/ROM) und der Selektion von Peripherieschaltungen. Bei MC der 8051-Familie werden die niederwertigen acht Adreßbit im Zeitmultiplex → über den Datenbus ausgegeben. Der Steuerbus enthält Lese- und Schreibimpulse, ein Taktsignale zur Selektion der Adreßsignale auf dem Datenbus

(ALE = Address Latch Enable), ein Signal zum freigeben (enable) des externen Speichers (PSEN) usw. Andere Controller-Typen verfügen über gleiche oder ähnliche Steuersignale.

Byte: Auf IBM zurückgehende Informationseinheit aus 8 bit. Mit einem Byte lassen sich beispielsweise zweistellige Dezimalzahlen (BCD →), eine Binärzahl zwischen 0 und 255 oder ein ASCII-Zeichen → darstellen.

Capture: Auf ein bestimmtes internes oder externes Ereignis hin wird der Inhalt des laufenden Timers in das Capture-Register übernommen. Dadurch läßt sich der Zeitpunkt des Ereignisses genau festhalten.

CMOS (Complementary Matal Oxide Silicon): Ursprünglich für Armbanduren und Taschenrechner entwickelter stromsparende Fertigungsprozess. Inzwischen hat sich die CMOS-Technik bei den Logik-, Mikroprozessor- und Mikrocontroller- und Speicherbausteinen durchgesetzt.

Die Vorteile der CMOS-Technik sind:

❐ geringere Stromaufnahme und Verlustleistung als bei NMOS- oder Bipolar-Prozessen
❐ größere Spannungsversorgungsbereiche
❐ weiterer Arbeitstemperaturbereiche
❐ längere Lebensdauer

Code: Eine Vorschrift zur eindeutigen Zuordnung der Zeichen eines Zeichenvorrats zu denjenigen eines anderen Zeichenvorrats. Beispielsweise den ASCII-Code zum Hexadezimale-Code, den BCD-Code zum 7-

Segment-Code usw. Das Niederschreiben eines Programms wird gelegentlich auch Codieren bzw. Kodieren genannt. Fälschlicherweise werden oft auch Programmteile, z. B. Befehlsfolgen, als Code bezeichnet.

Codieren: Verschlüsseln Code →.

Compare: Der Inhalt des zugeordneten Timers wird ständig mit dem Inhalt des Compare-Registers verglichen. Bei Übereinstimmung werden ein oder mehrere Ereignisse (je nach Konfiguration) ausgelöst. Damit kann durch geeignete Wahl des Compare-Wertes der Zeitpunkt für den Eintritt des(der) Ereignisse(s) genau festgelegt werden. Häufigste Anwendung ist die damit mögliche Modulation der Impulsweiten (PWM). Damit lassen sich dynamisch digitale in analoge Werte wandeln, Motoren ansteuern usw.

Compiler (Übersetzer): Programm zum Übersetzen von Programmen aus einer höheren Programmiersprache in die Maschinensprache. Für die 8051-MC-Familie gibt es PLM51-, C51- und PASCAL51-Compiler.

Counter (Zähler): Schaltungskomponente, die Ereignisse zählt oder Zeiten generiert bzw. bestimmt, siehe auch Timer → (Zeitgeber).

Cross Assembler: Ein Assemblerprogramm →, das auf einem anderen Computer abläuft als das übersetzte Programm. MC-Programme werden normalerweise mit Assemblern übersetzt, die auf Personal Computern laufen.

Datei: Vom Begriff Kartei abgeleiteter Ausdruck. Er bezeichnet eine zusammengehörende Datenmenge, die über den Dateinamen aufrufbar ist. Dateien enthalten beispielsweise Programme, Testdaten, Dokumentationen und andere Daten.

Debuggen (Entwanzen): Bezeichnung für Fehlersuche und Fehlerbehebung in Hardware und Software.

Debugger-Programme (→ Monitor): Hilfsmittel bei der Fehlersuche und Fehlerbehebung in Hardware und Software.

Dialog: Austausch aufeinanderfolgender Nachrichten zwischen zwei oder mehr Partnern. Die Partner können Mensch und MC, MC und MC oder MC und andere Computer sein.

Disable (verbieten): Gegensatz zu enable → (erlauben). Ein Signal oder ein Befehl, der beispielsweise einen Zähler stoppt oder einen Interrupt an einer Aktivierung hindert.

Disassembler: Rückübersetzung eines im Maschinencode vorliegenden Programms in den Assemblercode. Dabei werden der Operationscode in mnemotechnische und die Adressen in symbolische Ausdrücke rückübersetzt. Wichtig beim Disassemblieren ist das Finden der richtigen Anfangsadresse und die Unterscheidung zwischen Befehls- und Datenbereichen. Disassembler können sonst Datenwörter nicht von Befehlswörtern unterscheiden. Der Disassembler setzt voraus, daß es sich bei dem im angebotenen Code um ein Programm handelt.

Dump (Speicherabzug): Ausgabe eines Speicherabzugs für Test, Fehlersuche und Dokumentation.

Duplex: Serielle Datenübertragung mit gleichzeitigem Senden und Empfangen.

EAROM (Electrically Alterable Read Only Memory): Elektrisch löschbarer Speicher.

EEPROM (Electrically Erasable Programmable Read Only Memory): EEPROM sind elektrisch löschbare Festwertspeicher.

EPROM (Erasable Programmable read only Memory): Elektrisch beliebig oft programmierbares Read Only Memory. Der ROM-Inhalt ist durch ultraviolettes Licht löschbar.

Eingabe- und Ausgabeport: Port-Anschluß zur digitalen Eingabe und Ausgabe. Bei den MC der 8051-Familie sind die Ports meist als Eingänge und Ausgänge zu verwenden.

Emulation: Nachbildung eines MC durch Hardware. Die Hardware kann selbst ein ähnlicher MC sein (Bond-out-Chip oder Piggy-back). Zweck der Emulation in der MC-Entwicklungspraxis ist es, ein Programm in der entwickelten Schaltung möglichst in Echtzeit auszutesten, ohne daß der MC-Baustein zur Verfügung steht. In diesem Sinne ist die Piggy-back-Version eines MC auch ein Emulator. Die als Bestandteil von Entwicklungsgeräten angebotenen Emulatoren sind aufwendige Hardware- und Software-Systeme. Sie bieten komfortable Testmöglichkeiten für den Software- und Hardware-Test und zur Fehlersuche. Typische Eigenschaften sind:

- ❐ Programmablauf der Anwender-Software unter Testbedingungen
- ❐ Integration von Hardware und Software der Anwenderentwicklung
- ❐ Emulation unter Echtzeitbedingungen

Enable (erlauben): Ein Signal oder eine Anweisung, die beispielsweise einen Interrupt freigibt oder einen Zähler startet. Im Gegensatz zu enable siehe disable → (verbieten).

Entwicklungssystem: Heute haben die Personal Computer und mit ihnen zusammenarbeitende Emulatoren die früheren Entwicklungssysteme abgelöst. Zu einem Entwicklungssystem können gehören:

- ❐ Assembler, Linker
- ❐ Compiler für höhere Programmiersprachen
- ❐ Emulator
- ❐ Logikanalysator, Oszillograph
- ❐ Texteditor
- ❐ EPROM-Programmiervorrichtung
- ❐ Tools zur Entwicklungsunterstützung, z. B. Experimentier-Boards,
- ❐ PC-ADDIN-Karten

Fan-In, Fan-Out: Die in Datenblättern angegebene Ausgangsbelastbarkeit (Fan-Out oder Ausgangslastfaktor) bezieht sich auf die Fähigkeit einer Schaltung, in einer bestimmten Anzahl (N) von einfachen Lasten einen Strom zu liefern bzw. von ihnen aufnehmen. Fan-In und Fan-Out beziehen sich immer auf eine Bausteinfamilie, TTL, CMOS, NMOS usw. Eingänge und Ausgänge der NMOS-Bausteine sind vielfach TTL-kompatibel.

Firmeware: Programme (Betriebssysteme, Monitore) oder Tabellen, die in einem ROM oder EPROM programmiert, Bestandteil eines Geräts sind.

Flag (Flagge): Meist durch ein Bit im RAM → oder Register → realisierte Zustandsanzeige.

Flip-Flop: Hardware, um ein Bit → zu speichern.

Floppy Disk (weiche Platte): Von IBM 1973 eingeführte magnetisierbare, flexible Plastikscheibe zum Beschreiben und Lesen von Daten und Programmen. Die Entwicklung ging von 8" Floppys Anfang der 80er Jahre über 5 ¼" zu 3 ½", die sich heute durchgesetzt haben.

Gate (Tor): 1) AND-Logik-Grundschaltung mit einem Ausgang und mindestens zwei Eingängen. Einer der Eingänge öffnet das Gate, wenn sein Pegel auf HIGH liegt. Die Signale an einem zweiten Eingang erscheinen dann am Ausgang der Schaltung. Liegt das Gate-Signal auf LOW-Pegel, ist das Tor gesperrt. Der Ausgangspegel ist ebenfalls LOW.

2) Bei Gate Arrays → ist ein Gate eine Logik-Grundschaltung, meist aus mehreren Logikelementen.

Gate Array: Zur schnellen Entwicklung und Fertigung entwickelte Halbleiterbauelemente mit einer großen Anzahl (etwa einige 1000 bis einige 10.000) vorgefertigter Logikgrundschaltungen. Bei der Entwicklung werden diese Grundschaltungen (mittels CAD-Unterstützung) so miteinander verbunden, daß die gewünschte Schaltungsfunktion entsteht. Dem Vorteil kurzer Entwicklungs- und Fertigungszeit steht als Nachteil die nicht optimale Flächenausnutzung gegenüber. Deshalb können Gate Arrays normalerweise bei mittleren Stückzahlen interessant sein.

Hamming-Distanz: Bei zwei - Stelle für Stelle - verglichenen Wörtern gleicher Länge ist die Anzahl der Stellen unterschiedlichen Inhalts die Hamming-Distanz.

Hardware: Sammelbezeichnung für Bausteine, Baugruppen und elektronische Geräte im Gegensatz zur Software →.

HIGH (hoch): Signalpegel und binärer Zustand. LOW (nieder) ist der zweite binäre Zustand.

HMOS, HCMOS: Verfeinerte Strukturen in der Halbleiterfertigungstechnik. Wegen der stetigen Verringerung der minimalen Abstände auf dem Halbleiterchip haben es die Halbleiterhersteller nicht leicht, dies in passenden Namen auszudrücken. So gab es bis ca. 1983 einen HMOS-I-Fertigungsprozeß mit einer 4-μ-Struktur. HMOS II hat dann eine 2-μ-Struktur. Ab 1984 gab es dann 1- bis 1,5-μ-Strukturen (HMOS III). Heute, 1992 geht es in Richtung auf 0,6 μ. Kleinere Abstände in den Halbleiterstrukturen bedeuten höhere Integrationsdichten und höhere Verarbeitungsfrequenzen. Zudem lernte man größere Chipflächen zu beherrschen. So sind heute mehr als eine Million Transistorfunktionen pro Baustein häufig.

Indexregister: Register zum Modifizieren von Adressen, um einfach indirekt auf Datenstrukturen zuzugreifen. Die im Indexregister stehende Adresse kann normalerweise inkrementiert (+1) oder dekrementiert (-1) werden.

Interaktiv: Dialogfähig.

Interaktionsdiagramm: Symbolische Darstellungsmethode für dialogfähige Programme.

Interpreter: Interpretatives Programm, um ein in einer höheren Programmiersprache geschriebenes Programm auszuführen. Dabei wird das Programm nicht wie beim Compilieren (Compiler →) als Ganzes in die Maschinensprache übersetzt, sondern jede Anweisung wird unmittelbar ausgeführt. Deshalb benötigen Interpreter mehr Rechenzeit als mit Compiler übersetzte Programme. BASIC → ist die Sprache, die besonders verbreitet ist und meist interpretativ ausgeführt wird.

Interrupt (Unterbrechung): Der Interrupt synchronisiert den MC auf zeitlich nicht vorhersagbare Ereignisse, beispielsweise, wenn externe Ereignisse abzuhandeln sind, etwa eine Tasteneingabe. Er wird meist durch ein Hardware-Ereignis ausgelöst und unterbricht den aktuellen Programmablauf.

Das Programm verzweigt über eine für den speziellen Interrupt per Hardware reservierte Adresse (Vektor). Der dort einzutragende Sprungbefehl führt zur Interrupt-Routine. Die Rücksprungadresse und erforderlichenfalls Registerinhalte werden entsprechend der Unterprogrammtechnik im Stack reserviert. Nachdem das Interrupt-Programm durchlaufen ist, springt es mit einem besonderen Befehl (RETI) aus der Interrupt-Service-Routine. Dieser Befehl bewirkt, daß das Hauptprogramm an der durch den Interrupt unterbrochenen Stelle fortfährt.

Es gibt externe und interne Interrupt-Quellen. Die externen Interrupts werden durch Pegeländerungen an den Interrupt-Eingängen ausgelöst. Interne Interrupt-Quellen sind z. B. Timer-Überlauf, Ende einer A/D-Wandlung, vollgeschriebene Eingabe- und/oder Ausgabepuffer serieller Schnittstellen, Division durch Null. Befehle im Hauptprogramm können Interrupts verbieten (disable) oder erlauben (enable). Üblicherweise verfügt die MC-Hardware über durch Software einstellbare Hierarchieebenen, um bei gleichzeitigem Auftreten mehrerer Interrupts Prioritäten vorzugeben. Wichtige MC-Leistungsmerkmale sind die kürzeste und längste Reaktionszeit auf einen Interrupt, die Zahl der extern verfügbaren Interrupts sowie die Zahl der Prioritätsebenen.

Kellerspeicher: Stack.→.

Latch: Bezeichnung für Register →.

Leistungsprofil: Die Summe aller für eine Anwendung wesentlichen Eigenschaften eines MC in einer Darstellung, die quantitative und qualitative Vergleiche zwischen verschiedenen MC-Typen erlaubt. Leistungsprofile lassen sich beispielsweise im Sterndiagramm → darstellen.

Linker (Binder): Ein Programm zum Binden mehrerer zusammengehörender, getrennt übersetzter Programme zu einem ablauffähigen Programm. Dies ist sinnvoll, wenn mehrere Programmierer gleichzeitig an Teilen eines Programms entwickeln oder wenn Programme, z. B. Bibliotheksprogramme, zu einem bestehenden Programm hinzuzufügen sind. Der Linker unterscheidet zwischen lokalen und globalen Vereinbarungen und Sprungzielen (Marken). Er löst die globalen Bezüge auf und berechnet die auf den jeweiligen Programmanfang bezogenen Adressen auf Absolutadressen um.

Logisch: boolesch →.

LSB (Least Significant Bit): Niederwertigstes Bit in einem Wort oder Byte, MSB →.

Mailbox (Briefkasten): Verfahren zur Informationsübergabe zwischen Programmen oder Programmodulen. Eine Mailbox ist in einem MC-System ein für die beteiligten Programme definierter gemeinsamer RAM-Bereich.

Makro: Ein durch einen symbolischen Namen bezeichnetes Programmstück. Der Assembler setzt dieses überall dort ein, wo er den entsprechenden Makronamen im zu übersetzenden Programm findet. Vorteil der Makros ist, daß oft wiederkehrende gleiche Programmstücke nur einmal geschrieben werden müssen. Programmlisten und Assemblierzeit werden kürzer. Nachteil ist der gegenüber der Unterprogrammtechnik erhöhte Speicherplatzbedarf.

Maske: 1) Hardware: Die geometrischen Strukturen integrierter Schaltungen werden mittels photolithographischer Verfahren in mehreren aufeinanderfolgenden Arbeitsschritten erzeugt. Die Belichtungsmaske bestimmt dabei die im jeweiligen Fertigungsschritt zu bearbeitenden Geometrie.

2) Hardware/Software: Bei Mikrocontrollern besteht immer die Möglichkeit, das Programm ganz oder teilweise auf den Mikrocontroller-Chip unterzubringen. Dafür ist die Herstellungsmaske für das ROM erforderlich. Dieser Vorgang lohnt sich nur für größere Stückzahlen, da diese Maske und die damit verbundene Handhabung einige Tausend DM kosten kann.

3) Software: Blendet man mittels AND-Befehl aus einem Datum einen Teil aus, nimmt man dazu ebenfalls eine Maske. Beispiel:

Aus dem Datum 0100 1011 sollen die Bits 0, 2, 4 und 5 ausgeblendet werden. Die Maske ist dann 0011 0101. Das Ergebnis dieses Beispiels wäre dann 0000 0001.

Master (Meister): Der in einem Multi-MC-System regieführende MC. Er steuert die Slaves → bzw. die Kommunikation zwischen den verschiedenen MC. Es gibt auch Multi-Master-Systeme und solche, be denen die Masterfunktion zwischen den MC wechselt.

MC: Abkürzung für Mikrocontroller →.

Glossar

Mikrocomputer: Die Bezeichnung für Single Chip Computer wurde weitgehend durch Mikrocontroller → abgelöst.

Mikrocontroller: Vollständige Computerschaltung auf einem Chip. Diese Schaltung ist ohne weitere integrierte Schaltungen arbeitsfähig. An Mikrocontroller lassen sich auch weitere Peripheriebausteine (besonders Speicher) anschließen.

Mikroprogramm: Eine Methode zur Befehlsentschlüsselung in Computern oder Schaltwerken. Das Mikroprogramm ist in einem ROM abgelegt.

Mikroprozessor: Integrierte Schaltung mit mindestens den Komponenten CPU und Befehlsablaufsteuerung und unterschiedlichen Peripheriekomponenten. Im Gegensatz zu Mikrocontrollern sind diese Bausteine ohne extern angeschlossene integrierte Komponenten nicht arbeitsfähig.

Monitor (→ Debugger): Bezeichnung für ein Minimalentwicklungsprogramm. Monitore erlauben, Programme auszutesten, Ein- und Ausgaben zu simulieren, Speicher- und Registerinhalte zu ändern und Programme auch im Single-Step-Verfahren auszuführen, Breakpoints → zu setzen und Programme zu disassemblieren →.

MSB (Most Significant Bit): Höchstwertigste Bit in einem Wort oder Byte. In Zahlendarstellungen gilt es oft als Vorzeichen. Siehe auch LSB →.

Nibble: 4-bit-Wort. Einheit zur BCD → Verarbeitung.

Paritybit: Das Paritybit enthält das letzte Bit der Quersummenbildung eines übertragbaren Wortes. Die erhöhte Redundanz läßt Einbitfehler bei der Übertragung erkennen. Das übertragene Paritybit muß mit dem beim Empfänger neugebildeten Paritybit übereinstimmen. Bei den MC der 8051-Familie zeigt das Paritybit im Program Status Word (PSW) nach jedem Befehl das Ergebnis der Akkumulator-Quersumme an.

Peripherie-Komponente: In Mikrocontrollern integrierte oder eigene integrierte Schaltungen, um Eingangs- oder Ausgangsdaten für die Weiterverarbeitung durch das Programm aufzubereiten. Typische in Mikrocontrollern integrierte Komponenten sind:

- Synchrone und asynchrone serielle Schnittstellen
- Analog/Digital- und Digital-Analog-Wandler, Power-Down- und Idle-Schaltungen, Oszillatoren
- Zähler/Zeitgeber
- Watchdog-Schaltungen
- Interrupt-Schaltungen
- Eingabe- und Ausgabe-Ports
- Pulsweitenmodulationsschaltungen
- Befehls- und Datenspeicher

Pin: Kurze und bequeme Bezeichnung für einen Bausteinanschluß.

Polling: In dieser Programmtechnik wird ein Eingangssignal kontinuierlich auf eine Signaländerung hin abgefragt, beispielsweise, um auf eine Tasteneingabe zu reagieren.

Port: Anschlüsse für die Signaleingabe und/oder -ausgabe. Oft verfügen Ports über alternative Eingangs- oder Ausgangsfunktionen.

Portable (übertragbar): Die Möglichkeit, ein Programm auf mehreren unterschiedlichen Rechnertypen laufen lassen zu können bzw. mit geringem Aufwand zum Laufen zu bringen. Portabilität spielt bei den Mikrocontrollern keine große Rolle. Innerhalb einer Bausteinfamilie (z. B. 8051) ist Portabilität normalerweise möglich.

Protokoll: Vereinbarung über den Datenaustausch zwischen zwei oder mehr Systemen. Meist gibt es mehrere übereinanderliegende Protokollebenen. Auf der untersten Ebene die physikalische Realisierung (Basismaschine) und auf der obersten Ebene die anwendungsorientierte Ebene (Anwendermaschine).

Bei den Mikrocontrollern sind die physikalischen Protokolle der seriellen Schnittstelle durch die Hardware festgelegt und durch die Software modifizierbar.

Qualität: Qualität ist ein Maß für Zuverlässigkeit durch die Hardware →.

RAM (Random Access Memory): Schreib/Lesespeicher

Reentrand (wiedereintrittsfähig): Ein Programm, das zu jedem Zeitpunkt aufrufbar ist, auch wenn es von früheren Aufrufen noch nicht vollständig durchlaufen ist. Siehe auch Rekursiv →.

Register: Mehrere Flip-Flops → bzw. Flags → die parallel beschreibbar und lesbar sind.

Rekursiv (sich selbst aufrufend): Ein Programm, das sich selbst aufrufen kann. Viele Programmaufgaben lassen sich mit rekursiven Programmen elegant lösen. Das Standardbeispiel hierfür ist die Berechnung der Fakultät n! (Reentrand →).

Reload: In der Reload-Funktion läuft der Timer, nachdem er seinen höchsten Wert FFFH erreicht hat, nicht mit 0000H weiter, sondern wird mit dem im Reload-Register abgelegten Wert geladen und zählt von diesem Wert aus weiter. Je höher dieser Wert ist, um so kürzer ist ein Zählzyklus. Dadurch läßt sich die Timer-Periode (die Zeit von Überlauf zu Überlauf) über den Reload-Wert variieren.

RESET: Rücksetzsignal, das ein System bzw. einen MC in einen definierten Startzustand versetzt. Bei MC führt die Wegnahme des RESET-Signals zum Start des Programms.

ROM (Read Only Memory): Speicher, der nur gelesen werden kann. Übliche ROM-Inhalte sind Programme, Daten (Tabellen) im MC und Bitmuster in Ablaufsteuerungen.

Schritt: Begriff aus der Informationsübertragungstechnik. Ein Schritt ist ein Signal definierter Dauer, dem ein Wertebereich des Signalparameters zugeordnet ist. Die Einheit der Schrittgeschwindigkeit ist das Baud →.

Second Source (zweite Quelle): auch Alternate Source (alternative Quelle). Zweithersteller eines bestimmten Halbleiterbausteins. Eine Second Source bezieht sich meist auf ein bestimmtes Entwicklungsstadium eines Bausteins. Da die Entwicklung ständig im Fluß ist, ist es nicht selbstverständlich, daß eine Second Source wirklich zu 100% kompatibel ist. Zieht man den Einsatz von Second-Source-Produkten in Erwägung, was wegen Preis oder Lieferbarkeit geboten sein kann, so muß man sich vorher von der Funktionsfähigkeit dieses Bausteins in dem fraglichen System überzeugen. Der technische Begriff dafür ist 'Freigabeverfahren'.

Semaphor (Ampel): Technik, um Verklemmungen → im Informationsaustausch in Multi-MC-Systemen zu verhindern. Ein Semaphor ist eine Marke (Bit), die dem anfragenden MC Auskunft über die Kommunikationsfähigkeit der angefragten MC gibt.

Serielle Übertragung (serielle): Datenübertragung über eine Verbindung. Dem Nachteil der langsameren Übertragungskapazität gegenüber paralleler Datenübertragung steht der Vorteil weniger Verbindungen gegenüber. Das bedeutet außerdem weniger Bausteinanschlüsse, weniger Platzbedarf, kleinere Gehäuse und mehr Sicherheit. Es gibt asynchrone Eindraht- und synchrone Zweidrahtverbindungen.

Eine Übertragung in eine Richtung nennt man Simplex- → oder Halbduplexbetrieb. Gleichzeitiges Senden und Empfangen nennt man Vollduplexbetrieb.

Shift Register (Schiebe-Register): Ein Register →, in das Informationen bitweise hinein und herausgeschoben werden können. Es ist oft auch parallel ladbar und lesbar. Es dient vorwiegend der Umwandlung serieller Daten in die parallele Form und umgekehrt oder auch als Teil eines Rechenwerks, da ein Rechtsshift um ein Bit einer Division durch zwei und ein Linksshift um ein Bit eine Multiplikation mal zwei bedeutet.

Signal: Physikalische Darstellung von Nachrichten oder Daten (DIN 44300).

Simulation: Arbeiten mit einem Modell, das die Wirklichkeit nicht nur statisch abbildet, sondern 'ablauffähig' ist. Ein solches Modell ist meist ein Programm, das auf einem Computer abläuft. In der Mikrocontrollertechnik wird oft ein MC auf einem Personal Computer simuliert. Das für den MC geschriebene Programm läuft dann auf dem PC und kann dabei getestet werden. Im Gegensatz zur Emulation → sind schnelle Echtzeitvorgänge dabei nicht simulierbar.

Simplex (auch halbduplex): Serielle Datenübertragung in einer Richtung, Senden oder Empfangen. Siehe auch Duplex →.

Slave (Sklave): Reagiert in einem Multi-MC-System ein MC nur auf Anweisungen eines anderen MC (Master →), ist er ein Slave.

Software: Sammelbezeichnung für alle Programme im Gegensatz zur Hardware →.

Stack (Kellerspeicher): Dies ist eine Speichertechnik, die Unterprogramm- oder Interrupt-Rücksprungadressen reserviert und zur Parameterübergabe zwischen Hauptprogramm und Unterprogramm bzw. Interrupt-Programm geeignet ist. Der Stack Pointer verwaltet den Stack. Sein Inhalt enthält eine Adresse. Diese verweist auf den aktuellen Speicherplatz im Stack. Bei einem Unterprogrammsprung oder Interrupt wird die Rücksprungadresse über den Stack Pointer im Stack abgelegt und der Stack-Pointer-Inhalt für jedes abgelegte Byte um 1 erhöht. Beim Rücksprung aus dem Unterprogramm bzw. der Interrupt-Service-Routine wird die Rücksprungadresse über den Stack Pointer aus dem Stack geholt und der Stack-Pointer-Inhalt je Byte um 1 vermindert. Die im Stack liegende Adresse wird dabei in den Stack Pointer geladen und das Programm fährt an dieser Stelle fort. Auf diese Weise sind Unterprogramme und/oder Interrupts beliebig verschachtelbar.

Die Stack-Verwaltung läuft hardwaregesteuert ab. Der Stack bietet eine einfache und elegante Möglichkeit, Parameter zu übergeben. Der Befehl PUSH legt Daten im Stack ab, und der Befehl POP holt sie aus dem Stack. Dabei wird der Stack Pointer entsprechend erhöht bzw. vermindert. Der Programmierer muß bei dieser Technik selbst auf die Buchführung achten. Beim nächsten Unterprogramm- oder Interrupt-Aufruf bzw. Rücksprung muß der Stack Pointer wieder auf die richtige Adresse zeigen.

Bei den Mikrocontrollern der 8051-Familie liegt der Stack im internen RAM.

Sterndiagramm: Darstellungsweise zum Vergleich von Hardware- und/oder Software-Eigenschaften. Dieses Diagramm eignet sich besonders zur Beurteilung ähnlicher Alternativen bezogen auf eine geplante Anwendung, da sich Eigenschaften entsprechen ihrer Bedeutung gewichten lassen.

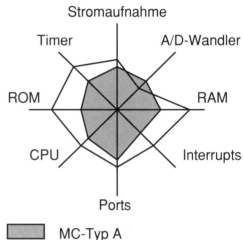

String: Zeichenkette = Folge beliebiger Zeichen.

Synchronisation: Herstellen eines zeitlichen Gleichlaufs zwischen zwei Ereignissen. Oft bestimmt ein Takt die Gültigkeit eines Signals. Über Interrupt → oder Polling → läßt sich ein MC auf externe Ereignisse synchronisieren.

Timer (Zeitgeber): Bezeichnung für Zähler/Zeitgeber. Ein mit einem festen Takt laufender Zähler, der Zeiten generiert oder mißt. Der Timer ist normalerweise jederzeit lad- und lesbar. Der Timer-Überlauf kann einen Interrupt erzeugen.

Top-Down-Verfahren: Entwurfsmethode von oben (Benutzermaschine) nach unten (Basismaschine). Das zu entwerfende Programm leistet eine Übersetzungsarbeit, wobei es in funktionelle Blöcke und mehrere Hierarchien zerlegt wird. Siehe auch Bottom-Up-Verfahren →. Diese Methode bezweckt, das zu lösende Problem in Teilprobleme (Module) zu zerlegen (schrittweises Verfeinern) und es dadurch rationell und transparent lösbar zu machen.

Trace (Überwacher): Interpretative Diagnosetechnik zur Kontrolle des Programmablaufs. Es lassen sich normalerweise bestimmte Programmteile oder nur Verzweigungsbefehle oder Unterprogrammaufrufe überwachen. Bei Trace-Programmen wird nach jedem Befehl ein Trace-Programm durchlaufen, das die Inhalte der Register und angesprochenen Speicherbereiche ausgibt. Nach einem Programmabbruch, z. B. mittels Breakpoint →, ist die Wirkung der letzten durchlaufenen Befehle ansehbar. Auch gibt es Trace-Programme, die eine Überwachung erst nach einer vorgebbaren Schleifendurchlaufzahl aufnehmen. Trace-Programme werden meist mittels Interrupt-Technik durchgeführt. Sehr nützlich und meist auch aufwendiger sind Emulatoren, die einen Echtzeit-Trace ermöglichen. Dabei überwacht die Hardware das ablaufende Programm. Die Trace-Ergebnisses werden während des Programmlaufs in einem RAM abgelegt. Von dort sind die Informationen beliebig abrufbar. Echtzeit-Traces erfordern normalerweise Bond-out-Chips oder schnelle Rechner.

Triggern: Auslösen eines Vorgangs zu einem bestimmten Zeitpunkt, bei einem bestimmten Spannungspegel oder beim Vorliegen einer bestimmten Information. Das Triggern dient beispielsweise in Oszillographen, Logikanalysatoren oder Emulatoren zur Bestimmung des Zeitpunkts eines zu beachtenden Vorgangs im Spannungs- oder Informationsverlauf.

Tri State (dritter Status bzw. Zustand): Busse mit mehreren Sendern wurden früher durch Open-Collector-Schaltungen realisiert. Der Vorteil war ein schnelles Schalten nach 0V, wenn ein Ausgangstransistor leitend wurde. Nachteilig war das Entladen der Leitungskapazitäten, wenn der Transistor wieder sperrte. Dies verlangsamte die ansteigende Spannungsflanke und verminderte dadurch die maximale Busübertragungsrate.

Um dies zu vermeiden, führte man Tri-State-Schaltungen ein. Hierbei ist die Bus-Treiberstufe durch zwei in Reihe geschaltete Transistoren realisiert. Im Normalbetrieb immer nur einer der beiden Transistoren leitend ist, kann schnell ein- und ausgeschaltet und die Leitungskapazitäten umgeladen werden.
Eine besondere Transistorstufe kann das Ausgangssignal abschalten. Der Ausgang wird dann hochohmig. Dies ist der Tri-State-Zustand. Er läßt sich meist durch ein besonderes Signal ein- oder ausschalten.

UART (Universal Asynchronous Receiver Transmitter): Universeller asynchroner serieller Sender und Empfänger, wie er in den Bausteinen der 8051-Familie realisiert ist.

Verarbeitungsbreite: Bitzahl, die das Rechenwerk eines Computers gleichzeitig (parallel) verarbeitet. Bei Mikrocontrollern sind 4-, 8- und 16-bit-Verarbeitungsbreiten üblich. Die

4-bit-MC sind am weitesten verbreitet (ca. eine Milliarde Stück). Es folgen die 8-bit-MC (ca. 200 Millionen pro Jahr). 16-bit-MC stehen noch am Anfang ihrer Laufbahn.

Verklemmung: Der Informationsaustausch in einem Multi-MC-System kann bei unsauberem Design zur Verklemmung führen. Ein Beispiel: Ein MC A fordert von einem MC B eine Information an, und wartet auf die Quittung des Anforderungssignals. B kann die Anforderung in diesem Moment nicht bearbeiten, da er auf eine Antwort von C wartet, und C wartet auf eine Anforderung von A. Alle warten. Verklemmungen sind durch Master-/Slave-Konzepte und die Semaphortechnik → zu verhindern.

VLSI (Very Large Semiconductor Integration): Das ist auch einer der vielen flüchtigen Begriffe, um den rasanten Fortschritt der Halbleitertechnik zu beschreiben. Man bezeichnete damit vor ein paar Jahren integrierte Schaltungen mit mehr als 30.000 Transistorfunktionen. Da heute die Millionenmarke längst überschritten ist, haben solche Begriffe längst ihre Aussagekraft verloren.

Wartung: DIN 40042 definiert Wartbarkeit als eine Bewertungsgröße für die Eignung einer Betrachtungseinheit ihrer Überwachung, Instandhaltung und Instandsetzung. MIL-STD-721B sagt prägnanter, daß Wartbarkeit eine Projekt- und Anlagegröße ist, ausgedrückt durch die Wahrscheinlichkeit, daß ein Fehler einer Anlage in einer gegebenen Zeit beseitigt werden kann.

Watchdog Timer (Wachhund): Der Watchdog Timer soll die Systemsicherheit erhöhen. Er soll durch externe Störungen oder Programmfehler ausgelöstes Fehlverhalten des Systems erkennen und abfangen. Der Watchdog Timer ist meist ein Zähler, der durch den internen Systemtakt fortlaufend hochzählt. Der Zählerüberlauf, ca. alle 10 bis 100 ms, erzeugt einen RESET → und startet dadurch das Programm neu. Um dies zu vermeiden, ist der Watchdog Timer im Programm immer rechtzeitig zurückzusetzen. Man nimmt an, daß wenn das Programm durch eine externe Störung oder durch einen Programmfehler außer Takt gerät, die rechtzeitige Rücksetzung des Watchdog Timers mit einer gewissen Wahrscheinlichkeit unterbleibt und dadurch der RESET ausgelöst wird. Der MC erkennt nach dem RESET, ob dieser extern oder durch das nicht richtig ablaufende Programm ausgelöst wurde. In manchen Anwendungen ist der fortlaufende RESET beabsichtigt. Der Timer wird dann nicht zurückgesetzt.

Es gibt in MC integrierte, mit MC und externen Bausteinen (z. B. RC-Glieder) oder durch externe integrierte Schaltungen realisierte Watchdog-Timer. In MC integrierte Watchdog Timer können mit einer gewissen Wahrscheinlichkeit den Programmablauf überwachen, jedoch nicht die Funktion des Bausteins selbst. Dazu sind externe Watchdog Timer erforderlich.

Worst Case (schlechtest denkbarer Fall): Die Summe der ungünstigsten Ereignisse gibt den Worst Case. Beispielsweise ist die Worst-Case-Bedingung der Verlustleistung eines Bausteins dann gegeben, wenn die maximale Betriebsspannung anliegt, die ungünstigste Temperatur vorherrscht, die höchste Verarbeitungsfrequenz gewählt wurde und die Eingabe-/Ausgabe- *und* Steueranschlüsse des Bausteins belastet sind. In der Schaltungsauslegung, Dimensionierung der Bauelemente, Berücksichtigung der Störeinflüsse und in der Testplanung für die Hardware ist immer der ungünstigste Fall zu definieren und zu berücksichtigen.

Wort: Zusammenhängende Bitfolge. Oft aus zwei Verarbeitungsbreiten der MC-Verarbeitungsbreite zusammengesetzt. Bei 8-bit-MC ist ein Wort 16 bit breit, bei 16-bit-MC 32 bit.

Zeichen: Informationselement aus einer vereinbarten Menge verschiedener Zeichen, beispielsweise die Buchstaben des Alphabets.

Zeitmultiplex: Eine Technik zur Minimierung der Signalleitungen auf Kosten der Verarbeitungsgeschwindigkeit. MC der 8051-Familie mit externer Speichererweiterung übertragen auf dem Bus Adresse und Daten im Zeitmultiplex, d. h. nacheinander. Ein zusätzliches Signal (ALE (Adress Latch Enable) bei der 8051-MC-Familie) trennt die Informationen durch Zwischenspeichern des LOW-Adreß-Bytes in einem Register.

Zuverlässigkeit: Sicherheit gegen Ausfall eines Programms, Bausteins oder Systems.

Software-Zuverlässigkeit ist die Wahrscheinlichkeit, daß die Software über einen bestimmten Zeitraum ohne Versagen arbeitet. Sie läßt sich schwer messen. Ein Software-Fehler ist vorhanden, wenn das Programm nicht das tut, was der Benutzer vernünftigerweise erwarten kann. Es gibt eine Vielzahl von Verfahren, mit denen bereits in der Software-Produktionsphase die Zuverlässigkeit der Software erhöht werden soll. Der Grad der Zuverlässigkeit zeigt sich in der Anzahl der in der Testphase im Betrieb gefundenen Fehler.

Index

1
16-bit-Befehlszähler 145
16-bit-Division 87

8
8051
    8-bit-Ports 149
    Oszillator 146
    Port 2 150
    Ports 0 149
    RAM intern 148
    Serielle Schnittstelle 154
        Modus 0 154
        Modus 1 154
        Modus 2 154
        Modus 3 155
    Timer 150
    Timer 0 und 1 150
    Zählerfunktion 151
    Zeitgeberfunktion 150

80515 143
    A/D-Wandler 155
        Auflösung 156
        Chipsubstrat 158
        Genauigkeit 157
    Bausteinsymbol 143
    Blockschaltbild 144
    Capture-Modus 154
    Compare-Modus 152
    Compare-Register 153
    Datenspeicher, interner 56, 147
    Interrupt-Prioritätsebenen 162
    Interrupt-Vektoren 55, 147
    Port 1 150
    Programmspeicher 146
    Referenzspannungen, interne 156
    Referenzspannungen, externe 156
    Referenzspannungen Programmierung 162
    Reload-Modus 158
    Reset 150
    Serielle Schnittstelle 154
    Software-Interrupt 161
    Special-Function-Register 148
    Stack 57, 148
    Standardbaudraten 154
    Systemtaktausgang 155
    Timer 2 151
    Wandlerspezifikationen 157
    Watchdog Timer 159
80C515 162

A
A/D-Wandler
    80515 155
    Eingangswiderstand 158
Ablaufsteuerung 146, 165
Ablaufstruktur 81
Access Time 165
Addierer 33
Addition 62, 140
Adresse 165
Adressierung
    Akkumulator 165
    direkt 165
    direkte 76
    extended 165
    immediate 165
    indirekte 77
    indiziert 165
    inherent 165
    Register 76, 165
    relativ 165
Adressierungsarten 75, 165
Adreßteil 165
Akkumulator 75, 166
Algorithmus 166
Allgemeinen Aspekte 125
Alternativfunktionen von Port 3 150
ALU 40, 145, 166
Analoges Signal 166

Analyse-Arbeit 113
AND 19
Anforderungsprofil 166
Anweisung 166
Arithmetik-Logik-Einheit 40
Arithmetikbefehle 61, 139
Aritmetikeinheit 33
ASCII-Code 166
Assembler 83, 84, 119, 166
Asynchron 167
Auftrag 110
Auswahl 80

Ä

Änderungen 125
Änderungskontrolle 111, 128

B

BASIC 167
BAUD 167
Bedingte Sprungbefehle 73
Bedingungsschleifen 83
Befehl 173, 172
Befehle
    Arithmetik- und Logikbefehle 40
    Lösch- und Shiftbefehle 41
    Sprungbefehle 41
    Transportbefehle 40, 58
Befehlsdekoder 145
Befehlsholphase 146
Befehlstypen 40, 57
Befehlsvorrat 92, 167
Befehlszyklus 39
Behandlung der Eingabefehler 122
Benchmark 167
Berechnungsfehler 121
Betrieb und Wartung 118
Betriebssystem 168
Binär 168
Binärzeichen 68
Bit 68
Bitprozessor 145

Bond-out-Chip 168
Boolesch 168
Boolescher Prozessor 145
Bottleneck 168
Bottom-Up-Verfahren 168
Breakpoint 168
Burn In 169
Bus 169
Byte 169

C

C51 119
Capture 169
CMOS 169
Code 169
Code-Inspektion 121
Codieren 170
Compare 170
Compiler 170
Computer 12
Computereigenschaften 12
Counter 170
CPU 145
Cross Assembler 170

D

D-Flip-Flop 23
Datei 170
Datenreferenz 121
Datenspeicher 147
Debug 170
Debug-Programme 170
Definitionsphase 114
Demultiplexer 25
Dezimalsystem 139
Dialog 170
Digital 13
Direkte Adressierung 76
Disable 170
Disassembler 170
Division 64, 140
Division für 16 bit 86

Dokumente 110
Dualsystem 139
Dump 171
Duplex 171

E

EAROM 171
Echtzeitanwendungen 160
EEROM 171
Ein- und Ausgabeport 171
Ein-/Ausgabe 122
Emulation 171
Enable 171
Entwicklung Hardware 117
Entwicklung Software 117
Entwicklungssystem 171
Entwurf 115
EPROM 171

F

Fan-In 171
Fan-Out 171
Fehlerkorrektur 124
Fehlersuche 123
Fertigung und Prüffeld 118
Festwertspeicher 17, 34
Firmeware 172
Flag 172
Flip Flops 23, 174
    flankengesteuert 23
    taktgesteuert 22
Floppy Disk 172
Flußdiagrammen 81

G

Gate 172
Gate Array 172

H

Hamming-Distanz 172

Hardware 17, 172
Hardware und Software 117
HCMOS 172
Hexadezimalsystem 141
HMOS 172

I

Indexregister 173
Indirekte Adressierung 77, 79
Interaktionsdiagramm 173
Interaktiv 173
Interpreter 173
Interrupt 73, 160, 173
Interrupt 0 160
Interrupt 1 160

K

Kellerspeicher 173
Konvertierung 85

L

Latch 173
Leistungsprofil 173
Linker 84, 174
Logik 18
Logik der Programmierung 45
Logikbausteine 17, 18
Logikbefehle 63, 64
Logiksymbol des 80515 103
Logisch 174
Lösch- Setz- und Shiftbefehle 66
LSB 174

M

Mailbox 174
Makro 174
Marken 45
Maske 174
Master 174
MC 174

Meilensteine 129
Mikrocomputer 175
Mikrocontroller 17, 37, 175
    Arbeitsweise 37
    Aufbau 37
Mikroprogramm 175
Mikroprozessor 175
Modultest 122
Monitor 175
MSB 175
Multiplexer 25
Multiplikation 63, 144

N

Namen 45
NAND 19
Nibble 175
NOR 20
NOT 20

O

OR 20
Oszillatoren 29

P

Paritybit 175
Peripherie 149
Peripherie-Komponente 175
Phasenplan 111
Pin 175
PLCC68-Gehäuse 163
Polling 175
Port 176
Portable 176
Ports 149
Problemanalyse 113
Probleme 116
Program Counter 145
Programmbeispiele 45, 85
Programmhandhabung 122
Programmierung

codieren 80
Kopf 116
Logik der 45
Programmspeicher 152
    externer 105
Programmtest 122
Programmzähler 167
Projektbeginn 109
Projektphasen 114
Projektplan 111
Projektplanung 111
Protokoll 176
Prototypen 116
Psychologische Randbedingungen 120

Q

Qualität 131, 176
Qualität und Zuverlässigkeit 131
Quarzoszillator 31

R

RAM 30, 176
Ratschläge zum Testen 120
Ratschläge zur Fehlersuche 123
Realisierung 116
Reentrand 176
Rekursiv 176
Reload 152, 176
RESET 176
ROM 39, 176
RS-Flip-Flop 21

S

Schiebe-Register 177
Schleifen 83
Schleifenvariable 122
Schmitt-Trigger 29
Schreibtischtest 121
Schritt 176
Second Source 177
Semaphor 177

Sequenz 80
Serielle Übertragung 177
Shift 24, 177
Shift-Register 24, 177
Signal 177
Simplex 177
Simulation 177
Slave 177
Software 45, 177
Speicher 30, 146
Sprungbefehle 67
Stack 71, 177
Stack-Operationen 71
Sterndiagramm 178
String 178
Struktogramme 81
Strukturblock 81
Strukturelement 81
Subtraktion 63, 140
Symbole 81
Synchronisation 178
Syntaxprüfung 85
Systemtest 124

T

Taktgesteuertes RS-FF 22
Testen und Fehler suchen 119
Testfall-Entwurf 122
Testplan 111
Testrahmen 122
Timer 178
Top-Down-Verfahren 179
Trace 179
Tri State 179
Triggern 179
TTL 18
TTL-Familie 18

U

UART 179
Uhrprogramm 86

Unterprogramm 48, 68

V

VBB-Pin 158
Verarbeitungsbreite 54, 179
Vergleicher 28
Verklemmung 180
Vertrag 110
VLSI 180
Voll-Duplex 154
Vorbedingungen 109
Vorvertragsphase 110

W

Walk Through 121
Wartbarkeit 130
Wartung 180
Watchdog Timer 180
Wechselwirkungen 125
Wiederholung 81
Worst Case 180
Wort 181

X

XOR 21

Z

Zahlensysteme 139
Zähler 27
Zählschleifen 83
Zählschleifen mit Indizierung 83
Zeichen 181
Zeit- und Aufwandsschätzungen 128
Zeitmultiplex 181
Zielvorstellungen 109
Zuverlässigkeit 131, 181
Zweierkomplement 140

Literaturverzeichnis

Feger, O.; Reith, A: MC-Tools 1 für den XT/AT mit dem Mikrocontroller SAB 80C535. Feger + Reith 1990.

Feger, O.: MC-Tools 2, Die 8051-Mikrocontroller-Familie - Einführung in die Software mit Assembler und Disassembler. Feger + Reith 1991.

Feger, O.; Reith, A.: MC-Tools 4 für den XT/AT mit dem Mikrocontroller SAB 80C535. Feger + Reith 1990.

Feger, O.: MC-Tools 3, Die 8051-Mikrocontroller-Familie vom 8051 zum 80517A, Bausteine und Applikationen. Feger + Reith 1991.

Graf, R.: MC-Tools 6 - Simulator für den 8051 und 80515. Feger + Co. 1992.

Johannis, R.; Papadopoulos, N.: MC-Tools 5 - Handbuch des 80(C)515 und 80C515A. Feger + Reith 1992.

Johannis, R.: Papadopoulos, N.: MC-Tools 5 - Handbuch des 80C517 und 80C517A. Feger + Reith 1992.

Tietze, U.; Schenk, CH.: Halbleiter-Schaltungstechnik. Berlin, Heidelberg, New York: Springer 1990.

ELEKTRONIK LADEN

Mikrocomputer GmbH
W.-Mellies-Straße 88
4930 DETMOLD
Telefon 0 52 32/81 71
FAX 0 52 32/8 61 97

oder

BERLIN	0 30/7 84 40 55
HAMBURG	0 41 54/28 28
BRAUNSCHWEIG	05 31/7 92 31
MÜNSTER	02 51/79 51 25
AACHEN	02 41/87 54 09
FRANKFURT	0 69/5 97 65 87
MÜNCHEN	0 89/6 01 80 20
LEIPZIG	09 41/28 35 48
SCHWEIZ	0 64/71 69 44
ÖSTERREICH	02 22/2 50 21 27

Von EMUFs & EPACs

lautet der Titel unserer über 80seitigen Broschüre, in der wir die allermeisten der bereits seit 1981 in der mc und später auch in c't und elrad vorgestellten Einplatinencomputer zusammengefaßt haben und beschreiben. Zu jedem dort angebotenen Computer finden Sie natürlich dort auch die Angabe, in welcher Ausgabe der mc, c't oder elrad Sie die detaillierte Beschreibung und den genauen Schaltplan finden. EMUFs & EPACs haben ihren Weg gemacht und sind heute als äußerst preiswerte und flexible Lösungen den anwendenden Ingenieuren in Industrie und Labor bestens vertraut. Sowohl dank immer leistungsfähigerer Hardware aber auch dank der über die Jahre immer mächtiger gewordenen Softwareumgebungen für EMUFs & EPACs sind sie aus den vielfältigen Aufgaben der industriellen Steuerungen und vielen Applikationen im Bereich Messen, Steuern und Regeln nicht mehr wegzudenken. In der Broschüre

Von EMUFs & EPACs

finden Sie sowohl Hinweise und Angebote über die Hardware und die Software als auch über die immer zahlreicher werdende Literatur zu diesen „kleinen Rechnern mit großer Leistung". Sie finden Angaben zu Einplatinencomputern mit folgenden CPUs:

6502 · 6504 · Z80 · 64180 · 84C015 · 8052 · 80C52 · 80C52 · 80C552 · 80C535 · 80537 · 8086 · V20 · V25 · V30 · V50 · 68000 · 68008 · 68070 · 63HC11

Die Broschüre „Von EMUFs und EPACs" senden wir Ihnen auf Anforderung kostenlos zu.

Bücher

MC-Tools 1 für den XT/AT mit dem Mikrocontroller SAB 80C535	DM 119,-
MC-Tools 1 for PC XT/AT Using the SAB 80C535 Microcontroller	DM 119,-
MC-Tools 2 Einführung in die Software mit Assembler	DM 148,-
MC-Tools 3 Bausteine und Applikationen	DM 68,-
MC-Tools 4 für den XT/AT mit dem Mikrocontroller SAB 80C537	DM 119,-
MC-Tools 5 Handbuch des 80C517	DM 68,-
MC-Tools 6 Simula51, Simulator für den 8051 und 80(C)515	DM 148,-
MC-Tools 8 Handbuch des 80(C)515 und 80C515A	DM 68,-
MC-Tools 9 Erste Schritte zur Mikrocontroller-Hardware und -Software	DM 78,-
MIPS R3000-Familie	DM 98,-

Software

PC-Debugger für die PC-535-ADDIN-Karte	DM 98,-
PC-Debugger für die PC-537-ADDIN-Karte	DM 98,-

PC-Karten und Bausätze

PC-535-ADDIN-Karte (bestückt und getestet)	DM 350,-
Bausatz für PC-535-Karte (ohne Platine)	DM 148,-
Bausatz für PC-535-Karte (mit Platine)	DM 180,-
PC-535-Leerkarte	DM 58,-
PC-537-ADDIN-Karte (bestückt und getestet)	DM 389,-
Bausatz für PC-537-Karte (ohne Platine)	DM 168,-
Bausatz für PC-537-Karte (mit Platine)	DM 198,-
PC-537-Leerkarte	DM 58,-

XT-Slot-Expander für PC-ADDIN-Karten	DM 68,-

Mikrocontroller

SAB 80C535	DM 35,-
SAB 83C515A	DM 49,-
SAB 80C537	DM 49,-
SAB 83C517A	DM 63,-

Änderungen vorbehalten   Preise incl. MwSt

Feger + Co.
Hardware + Software Verlags OHG
8220 Traunstein, Herzog-Wilhelm-Straße 11

Tel. 0861-15218
Fax 0861-15326